환율도 모르고
경제 공부할 뻔했다

환율을 알아야 경제가 보인다

환율도 모르고
경제 공부할 뻔했다

| 이낙원 지음 |

원앤원북스

당신이 환율과
친해지는 그 날까지

환율과 우리의 삶이 밀접하게 연관되어 있다는 것은 글로벌 시대를 살아가는 현대인이라면 부정할 수 없을 것이다. 하지만 막상 환율에 대해 공부하려니 정보도 많지 않고, 복잡한 학문적 이론과 전문용어 앞에 움츠러들게 된다. 그래서 이 책은 환율 앞에서 작아지는 30~40대 직장인과 금융재무 분야에 취업을 희망하는 20대 대학생을 위해 기획되었다.

집필 과정에서 필자는 전공을 불문하고 환율과 경제에 관심 있는 모든 독자들이 부담 없이 읽을 수 있도록 책의 내용을 구성했다. 또한 외환투자에 관심 있는 개인이나 기업의 외환담당자가 읽어도 도움이 될 만큼 실제 현장에서 사용되는 양질의 정보를 담기 위해 노력했다. 학문적 이론과 전문용어도 최대한 배제했다. 사실 경영·경제를 전공한 필자도 학창 시절 이론과 용어를 열심히 익혔지만 졸업 후 얼마 안 가 대부분 머릿속에서 사라졌다. 필자의 기억력이 짧은 이유도 있겠지만 그만큼 실무에서 잘 쓰지 않았기 때문이다.

물론 학문적 이론이 전혀 필요 없다는 말은 아니다. 경제학적으로 검증된 기초 이론들은 때로는 나무보다 숲을 볼 수 있게 하고 장기적 안목을 제시하기도 한다. 다만 실무에서 볼 수 없는 복잡한 이론과 전문용어들이 많은 사람들에게 '외환=어렵다'라는 인식을 심어주었기 때문에 필자는 이론적 배경보다는 실제 사례와 실무 위주로 내용을 풀어가려 했다.

이 책의 목적은 외환 애널리스트처럼 전문적인 어떤 현상을 찾고 분석하기 위한 것이 아니다. 이미 수많은 분석 리포트들이 여러 금융사로부터 작성되었고, 누구나 쉽게 찾아볼 수 있다. 그러므로 이 책은 다양한 리포트들을 어려움 없이 읽고 주관적으로 해석하는 데 그 목적을 두었다. 쓸 만한 정보를 찾는 방법이 아닌 정보를 스스로 해석하는 데 중점을 둔 것이다.

이제 필자가 지난 10년여 동안 외환시장에 있으면서 마치 연애하듯 밀당하며 애간장을 태웠던, 때로는 도무지 예측할 수 없는 어린아이처럼 생떼 부리는 환율과 씨름하며 익힌 내용들을 독자들에게 풀어내려고 한다.

1장에서는 환율에 대한 기초적인 내용을 다루었다. 환율이 가지는 의미와 환율의 표현법, 환율이 변동하면 나타나는 경제현상과 글로벌 통화 속에서 달러가 기준이 된 이유, 그리고 이종통화의 개념을 정리했다. 그 외에도 앞으로 환율을 전망하는 데 계속 언급될 안전통화와 위험통화에 대해 알아보았다. 또한 환율의 움직임을 예측하는 데 중요한 단서인 NDF의 구조와 거래방법에 대해서도 살펴보았다.

2~3장에서는 환율을 움직이는 여러 요인(재료)들에 대해서 하나하나 살펴보았다. 외환시장의 중장기적 중력으로 작용하는 펀더멘털과 수급의 정의를 시작으로, 펀더멘털을 가늠할 수 있는 주요 경제지표에는 어떤 것들이 있는지, 또 어떻게 해석해야 하는지 살펴보았다. 특히 외환시장에 지속적인 영향을 미치는 수급을 국제수지표를 통해 확인해보고, 각 구성 요인별로 환율에 미치는 영향력을 이해하게 함으로써 환율의 흐름을 보다 거시적으로 볼 수 있게 했다. 그리고 시장 참가자들의 향후 예상과 기대심리에 영향을 줄 수 있는 또 다른 요인들도 다양하게 살펴보았다.

　　4장에서는 환율의 방향을 추정하는 방법을 살펴보았다. 상품 중에서도 가장 민감한 화폐를 거래하는 외환시장은 인간의 심리가 크게 개입되는 시장이므로, 심리를 눈으로 확인할 수 있는 차트를 다루었다. 이 과정에서 캔들의 형태와 추세선·지지선·저항선 등 차트를 보는 최소한의 도구를 익힐 수 있게 정리했다. 또한 다양한 정보와 차트를 바탕으로 환율 변동 시나리오를 작성하는 과정은

이 책의 화룡점정이라 할 수 있다. 이 과정들을 충분히 연습한다면 설령 시장 예상을 빗겨가는 결과가 나오더라도 놀라지 않고 침착하게 대응할 수 있다.

　마지막 5장에서는 필자가 시장에 참여하면서, 그리고 적지 않은 시간 동안 수많은 투자자들을 관찰하면서 투자자로서 반드시 염두에 두어야 할 부분과 기업에서 외환을 다루는 독자들을 위한 최소한의 내용을 담아보았다. '하이 리스크 하이 리턴'은 금융시장뿐만 아니라 모든 투자에 있어 진리로 언급된다. 하지만 적절한 관리가 없다면 수익 대비 리스크는 더욱 커지게 된다. 다시 말해 잘 관리된 고위험은 상대적으로 안전한 고수익을 가져다준다는 뜻이다. 5장을 통해 시장의 움직임에 대처하는 노하우를 익히고, 보다 현명하고 안전하게 초과수익을 얻을 수 있는 능력을 키울 수 있을 것이다.

　환율, 아무리 재미있게 읽으려고 해도 재미없는 내용임을 필자 역시 잘 알고 있다. 1장에 들어가면서부터 내용을 이해하는 데 어려움이 따르겠지만 끝까지 참고 완독해보기 바란다. 당장 이해가 되지 않더라도, 마지막 페이지를 넘길 때는 최소한 일상과 실무에서 느꼈던 환율에 대한 거부감은 없어지리라 생각한다.

끝으로 책 집필을 핑계로 몇 달간 소중한 주말을 내어준 아내 새별과 하루가 다르게 쑥쑥 자라고 있는 아들 리호, 그리고 자주 찾아뵙지 못해도 늘 아낌없는 응원과 격려로 힘을 주시는 부모님과 장인, 장모님께 사랑과 감사의 말씀을 전한다.

이낙원

| 차례 |

2장 환율을 움직이는 보이지 않는 손 ①

3장 환율을 움직이는 보이지 않는 손 ②

4장 환율의 향방을 읽어라

5장 외환투자 노하우와 기업 외환관리 실무

1장

환율, 기초부터
제대로 알아보자

종종 유례없는 가뭄으로 과일값이 급등할 때가 있다. 하지만 개별 과일들의 가격 오름폭을 살펴보면 차이가 있다. 왜 사과와 포도의 가격 오름폭은 다른 것일까? 아마도 경작되는 토양, 기온, 작물의 특징, 유통구조 등에 대한 기초 배경지식이 있어야 설명이 가능할 것이다. 환율 또한 같다. 환율은 두 통화의 상대적 가격이기 때문에 그 방향과 폭을 이해하기 위해서는 통화별 기초 배경지식과 관련 정보를 알고 있어야 한다. 각 환율의 표기 및 표현법, 통화별 특징, 거래방법 등 이러한 기초부터 먼저 알아야 세밀한 예측이 가능하다.

환율이란
무엇인가?

환율은 날씨와 같다. 예상하지 못한 가랑비는 금세 장대비가 되고 홍수가 되어 주변을 휩쓴다. 사전에 철저히 대비해야 홍수를 피할 수 있다.

환율은 한자로는 '바꿀 환(換)'에 '비율 율(率)'자를 쓰며, 영어로는 'Exchange Rate'라 한다. 즉 양국의 통화를 서로 맞바꿀 수 있는 비율을 의미한다. 누구나 알고 있는 정의지만 막상 "그래서 환율이란 무엇인가요?"라고 질문을 던지면 쉽게 답하지 못하고는 한다.

사실 환율이 무엇인지 묻는 원론적 질문은 별 의미가 없다. 그보다 '환율은 항상 오를까, 내릴까?', '오르면 얼마까지 오르고, 내리면 얼마까지 내릴까?'라는 질문이 더 유의미하다. 이러한 질문은

환율은 양국의 통화를 서로 맞바꿀 수 있는 비율을 의미한다.

환율의 방향, 레벨과 연관이 있으며, 좀 더 들어가 '그럼 과연 언제쯤 오르내릴까?'라는 질문을 통해 시간개념과도 엮이게 된다. 그리고 이러한 질문에 답을 하기 위해서는 '그럼 왜?'라는 파생적 질문을 다시 던지게 되는데, 이 과정을 모두 거쳐야만 '환율'이란 단어가 비로소 우리 생활에 있어 의미를 가지게 된다.

누군가 앞서 말한 3가지 질문에 답을 해야 한다면 첫 번째 질문에 대한 답을 맞힐 확률은 사실 50%로 꽤 높은 편이다. 현 경제 상황과 시장 분위기를 감안해 오를 것인지 내릴 것인지 일단 답을 하기만 하면 된다. 시장 분위기상 느낌이 올 때가 있기 때문에 환율에 조금만 관심이 있는 사람이라면 맞든 틀리든 비교적 수월하게 대답할 수 있다.

하지만 두 번째, 세 번째 질문에서는 느낌만으로 답하기가 어렵다. 국내외 경제·금융 스케줄과 대내외 이슈, 이벤트 등 상승·하락 재료들을 조합해 추정하지만, 언제 오르내리고 얼마나 지속될지는 4차원의 세계에 들어온 것처럼 광활한 문제다. 수많은 재료들을 조합해 답을 낸다고 해도 정확하게 답을 맞히기란 불가능에 가깝다.

환율을 예측하고
변화에 대응하는 이유

그럼에도 불구하고 많은 사람들이 답을 찾기 위해 스스로에게 질문을 던지고, 단서를 찾기 위해 밤잠을 설치는 이유는 무엇일까? 바로 환율이 움직이는 이유를 파악하고 있어야 앞으로의 환율 변화에 대응할 수 있기 때문이다.

환율 몇십 원에 회사의 당기순이익과 손실이 좌우되는 우리나라 수출입기업부터, 일상생활에서 원유·가스·원자재를 비롯해 수입된 재화를 쓰고 있는 우리들, 자산 증식을 위해 해외 금융자산 또는 외화에 투자한 투자자들, 그리고 자녀의 유학자금을 보내야 하는 부모와 해외여행을 준비하는 개인에 이르기까지 환율은 우리의 삶과 긴밀하게 연결되어 있다. 어렵다고 해서 외면할 수 없는 아주 중요한 이슈다. 하지만 실상 환율 변동에 적절히 대응하고 있는 사람은 많지 않다.

대한민국 달러원 환율 추이

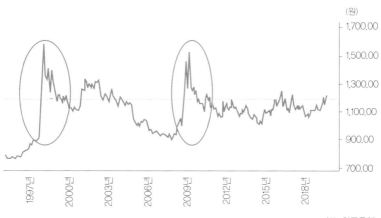

(원)

1,700.00

1,500.00

1,300.00

1,100.00

900.00

700.00

1997년 2000년 2003년 2006년 2009년 2012년 2015년 2018년

자료: 한국은행

우리는 이미 환율 변동의 고통을 겪은 적이 있다. 1997년 IMF 외환위기를 떠올려보자. 너무 먼일처럼 느껴진다면 2008년 글로벌 금융위기 당시를 기억해보자. 50%가 넘는 환율 폭등으로 영업이익률이 10%가 넘는 우량 수입기업이 존폐 위기에 처했고, 엔화 대출을 받았던 개인 사업자들의 빚이 2배가 되었으며, 해외여행은 꿈도 꿀 수 없던 시절이었다. 또한 2012년에는 고금리 해외채권 열풍에 편승했다가 50%가 넘는 막대한 손실을 경험한 사례도 있다. 이러한 고통은 항상 몇 년이 지나면 언제 그랬냐는 듯 잊혀지지만 언제고 다시 예고 없이 찾아온다.

환율은 날씨와 같다. 따뜻한 햇살 아래에 있거나 다소 날이 흐릴 때는 그 중요성을 체감하지 못한다. 하지만 사전에 날씨를 예측하지 못하면 큰 변을 당할 수 있다. 어쩌다 내린 가랑비가 장대비가 되어 몸을 때리고, 이마저 방심해 대처하지 못하면 홍수에 휩쓸리게 된다. 따라서 항상 작은 징후에도 경계하고 대비해야 폭풍우를 피할 수 있다. 이제부터라도 환율을 움직이는 요인들을 인지하고 충격에 대비해보자.

환율은 왜
어렵게 느껴질까?

2014년 여름, 평소 예금과 적금만으로 재테크를 하던 지인으로부터 주식투자를 시작했다는 연락이 왔다. 3%가 채 안 되는 저금리 시대에 코스피지수가 2,100선을 돌파했으니 관심이 가는 게 당연했다.

당시 미국은 2008년 글로벌 금융위기 이후 침체된 경기를 진작시키기 위해 시중에 돈을 계속 풀었다. 덕분에 우리나라는 막대한 무역 흑자와 함께 달러원 환율이 1천 원에 근접한 상태였다. 게다가 연초부터 주식투자를 시작한 회사 동료가 이미 7% 넘는 수익을 달성했고, 낮은 환율로 미국에 여름휴가까지 다녀왔다고 하니 귀가 솔깃해질 수밖에 없었다. 지인은 해외여행에 대한 꿈에 부푼 채 그 길로 만기가 도래한 적금을 찾아 과감히 주식에 투자했다. 그로부터 1년 뒤, 그는 어떻게 되었을까?

코스피지수는 1,800선까지 하락했고, 환율은 1,160원을 넘어섰다. 무엇이 문제였을까? 왜 주식과 원화는 함께 고꾸라졌을까? 우리나라는 여전히 대규모 무역 흑자라는데 환율은 왜 150원이나 올랐을까? 2015년 7월 23일 당시 〈연합뉴스〉 기사를 살펴보자.

지난밤 미국 주택지표 호조 등으로 달러 강세가 되살아난 가운데, 이날 발표된 우리나라의 2분기 성장률이 전기비 0.3%에 그치는 등 달러화 상승 요인이 중첩되었다. 국내 증시에서 외국인이 이날도 1,900억 원가량을 내다 파는 등 자금 이탈 우려도 지속되었다. 수급 상으로도 국민연금 등 대형 결제기관이 장 초반부터 달러화를 사들인 데 이어, 역외 차액결제선물환시장 참가자들이 달러 매수 공세를 재개했다.

외환 당국은 달러화 1,160원선 위에서 매도 공백을 채워주는 스무딩오퍼레이션(미세조정)을 이어간 것으로 추정되지만, 적극적으로 달러화의 상승을 제어하지는 않았다. 수출업체들이 래깅 전략에 돌입한 가운데, 당국도 달러 매도 개입에는 소극적이라 달러화 하락 요인이 마땅치 않은 상황이다. 다음 주 미국의 연방공개시장위원회 등 달러 강세 및 달러화 매수를 지지할 수 있는 이벤트도 다가오고 있다.

앞에 나온 지인의 예시와 기사 내용, 용어 등이 모두 이해된다면 이미 외환시장에 대한 상당한 관심과 지식이 있는 것이다. 하지만 대부분의 사람들이 해당 기사에 나온 주가와 환율, 무역수지 등의 상관관계를 이해하지 못한다. 또한 '미국 주택지표', '스무딩오퍼레이션', '연방공개시장위원회 영향' 등이 무엇을 뜻하는지, 이런 것들이 환율과 어떤 관계가 있는지 쉽게 해석하지 못한다.

환율을 움직이는 금융·경제 이벤트, 정치·사회적 이슈 등 다양한 요인들은 공식처럼 정확하게 환율 상승과 하락을 이끌지 않는다. 앞에 나온 뉴스 기사처럼 주가 호조와 우리나라의 대규모 경상수지 흑자라는 하락 재료에도 불구하고 미국 양적완화 종료와 금리 인상 기대감이라는 거대 상승 재료가 이를 압도하기도 한다. 또한 아직 결과가 나오지 않은 이벤트에도 경계심리가 작용해 환율이 상승하기도 한다. 때로는 분명 하락 재료지만 이미 선반영되었거나 결과가 기대치에 못 미쳐 오히려 상승할 때도 있다.

이것은 무엇을 의미할까? 만약 외환시장을 움직일 만한 전 세계 수많은 요인들을 빠짐없이 모니터링한다고 해도 섣불리 환율을 예상하면 안 된다는 뜻이다.

모든 변수를 모니터링해도 시장 참가자들이 재료를 받아들이는 강도가 각기 다르기 때문에 환율은 예상치 않게 움직일 수 있다. 환율은 경제적 요인뿐만 아니라 참가자들의 심리적 요인이 결합된 생명체와 같은 존재이기 때문이다. 환율을 접하는 사람들로 하여금 어려움을 느끼게 하는 이유다.

　수많은 관련 요인 분석에 시장 참가자들의 심리까지 공부해야 한다니 막막하기만 하다. 그렇다면 어떻게 하면 좀 더 쉽고 빠르게 환율을 예측할 수 있을까? 그런 비법이 있다면 정말 좋겠지만 사실 특별한 해법은 없다. 다양한 용어와 경제현상들이 시장 참가자들의 심리를 어떤 쪽으로 이끌었는지 익숙해질 때까지 찾아보고 경험해보는 수밖에 없다. 이러한 시행착오법보다 빠르게 환율과 친해지고 싶다면 각 요인이나 현상에 대해 항목별로, 중요한 순서대로 정리해 학습하면 된다.

세계 경제의
나침반, 환율

흔히 주식시장을 경제의 축소판이라고 한다. 그럼 환율은 어떻게 불러야 할까? 미국을 비롯한 유럽, 중국, 일본 등 주요국의 경제·정치·사회적 상황은 주식·채권·외환·원자재시장과 밀접하게 연결되어 움직인다. 글로벌 개방경제에서 각국의 통화는 다양한 시장 주체들의 수요와 공급에 의해 적정 환율을 형성하고, 글로벌 외환시장을 거쳐 금융·자본시장과 상품시장 등으로 흘러들어간다.

　환율은 가격 그 자체의 의미보다 세계 각국으로 거미줄처럼 얽

히고섥켜 끊임없이 순환할 때 비로소 의미를 가진다. 때로는 투기적인 세력이 환율의 방향을 조종하기도 하지만 결국에는 각국의 경제 펀더멘털(주요 거시경제지표)과 수급이 환율을 결정한다. 우리는 환율을 봄으로써 글로벌 경제와 우리 경제가 나아가야 할 방향을 역으로 추정할 수 있다. 환율에 영향을 주는 요인들을 분석하는 과정에서 세계 경제 속 우리 경제가 어떤 상황에 놓여 있는지를 알 수 있기 때문이다.

하지만 환율을 통해 세계 경제의 흐름을 단번에 읽을 수 있는 것은 아니다. 환율 방향을 추정하기 위해 환율과 관련된 경제·금융 용어들을 익히고 수많은 요인들에 대한 배경지식을 쌓아 모니터링해야 하는데, 이러한 과정들이 환율을 접하는 사람들로 하여금 지루함과 피곤함을 느끼게 한다.

더불어 수많은 정보들 속에서 유용한 정보를 골라내는 능력, 즉 외환시장을 주도하는 핵심 이슈를 파악해내는 연습이 필요한데 이 부분이 상당히 까다롭다. 특히 환율과 상관성이 높은 이슈들이 동시다발적으로 시장에 영향을 끼친다면 각 이슈들의 우선순위를 놓고 모두 면밀히 관찰해야 한다. 이 과정에서 소모되는 에너지도 적지 않다. 하지만 끈기를 가지고 환율이란 나침반을 주시하다 보면 그 방향뿐 아니라 세계 경제의 방향이 보이기 시작할 것이다. 지금 우리는 그 시작점에 와 있다.

환율 관련 상품에
투자해보자

과거 필자가 느낀 환율에 대한 어려움을 독자들도 공감하리라 생각한다. 어디에서부터 시작해야 하는지, 무엇부터 보아야 하는지 감이 오지 않기 때문에 더 어렵게 느껴진다. 다행인 것은 필자가 시행착오를 겪으면서 어느 정도 먼저 정리를 해놓았다는 것이다. 이 책을 통해 필자는 환율에 대한 가장 기본적인 이론과 용어, 현실에 적용 가능한 여러 응용법까지 차근차근 풀어보려고 한다. 때로는 너무 기본적인 내용이거나 도무지 이해가 안 되는 부분도 있을 수 있다. 그럴 때는 그냥 넘어가고 다음 내용을 보면 된다. 어떨 때는 이해가 안 되는 부분도 끝까지 보다 보면 퍼즐조각처럼 맞춰질 것이다.

무엇보다 가장 중요한 것은 독자의 의지다. 회사에서 어쩔 수 없이 환율을 접하는 실무자라면 모르지만 개인이라면 공부할 의지가 쉽게 생기지 않는다. 그래서 필자가 추천하는 것은 적은 금액이라도 좋으니 일단 환율 관련 상품에 투자해보는 것이다. 뭐니 뭐니 해도 머니(money)가 걸려 있으면 관심을 가질 수밖에 없다.

예전과 다르게 요즘은 적은 금액으로도 달러자산에 투자할 수 있는 방법이 많이 있다. 대표적으로 달러원 환율을 추종하는 상장지수펀드(ETF : Exchange Traded Funds)나 글로벌 주요통화 대비 달러의 강도(달러인덱스)를 추종하는 상장지수채권(ETN ; Exchange Traded Notes)이 있다. 이러한 상품은 주식처럼 1주 단위로 거래되어 소액으로도 거래할 수 있다. 상품에 투자하는 게 마음에 들지 않는다면 그냥 은행에 가서 100만 원만 환전해 외화예금통장에 예치하는 방법도 좋다. 손실이 생기더라도 수업료라고 생각될 정도의 금액만 넣으면 충분하다. 일단 투자하면 환율에 관심을 갖게 되기 마련이다.

핵심 포인트

예상치 못한 환율의 급변동은 늘 반복되어 왔고, 그 충격은 가계와 기업에 막대한 고통으로 다가온다. 이제 미리 대비해야 할 시점이다. 환율이 공식대로 움직이지 않는다는 걸 명심하고, 다양한 변동 요인들이 동시다발적으로 환율에 영향을 준다는 걸 이해하자. 각각의 요인들은 상황에 따라 환율 상승의 원인이나 환율 하락의 원인으로 작용하기도 한다. 하지만 꾸준히 관찰하고 경험을 쌓으면 환율의 방향이 보이기 시작할 것이다.

환율의 표기법과
환율 등락의 표현들

환율을 나타내는 방법에는 여러 가지가 있지만 기준을 명확히 세우고 해석한다면 헷갈릴 이유가 없다.

간혹 뉴스를 보면 '환율이 올랐다.', '달러가 상승했다.', '원화가 약세 흐름이다.' 등 환율과 관련된 다양한 표현들이 나온다. 결론적으로는 환율 상승, 달러 상승, 원화 약세 모두 동일한 의미지만 듣는 사람으로 하여금 혼동을 준다. 환율의 변동을 나타내는 이러한 표현들을 헷갈리지 않고 정확히 이해하려면 어떻게 해야 할까? 환율을 이해하기 위해서는 먼저 환율의 표기법부터 알아야 한다.

환율을 표기할 때는 기준이 되는 통화를 보통 앞에 놓고 대비되는 통화를 뒤에 놓는다. 우리가 일반적으로 이야기하는 달러 환율

기준통화와 비교통화

기준통화 $\huge\langle$ $\dfrac{\text{USD} \quad \text{KRW}}{\text{달러} \quad \text{원}}$ $\huge\rangle$ 비교통화

을 예로 들어보면 '달러원' 또는 '달러-원' 또는 'USDKRW' 등으로 표기하고 '1달러에 ○○원'이라고 부른다. 하지만 우리나라는 실생활에서 언론을 비롯해 많은 사람들이 이러한 표기법을 따르지 않고 '원달러', '원엔', '원유로'라고 거꾸로 표현하고는 한다. 국제 외환거래에서 통용되는 표현법은 아니나 관습적으로 병행하고 있다. 이러한 관습적 표현은 문서상 환율을 나타낼 때 '달러원'을 '원/달러(달러분의 원)'로 표기하는 데서 유래되었다고 추측된다.

환율을 표기하는
다양한 방법들

일반적으로 환율을 표기하는 방식에는 2가지가 있다. 기준통화가 달러 중심인 '아메리칸 방식(직접표기법)'과 기준통화가 자국통화인 '유러피안 방식(간접표기법)'이 그것이다. 하지만 실무에서는 '아메리칸 방식'이나 '직접표기법'이란 용어를 잘 사용하지 않는다. 모든 통화가 아메리칸인지 유러피안인지 기억하기가 쉽지 않다. 이런 구

국제 외환시장에서 거래되고 있는 주요 통화 표시방법

1. 달러 기준		2. 자국통화 기준	
아시아, 미주 쪽은 대부분 달러 기준		유럽, 오세아니아 쪽은 대부분 자국통화 기준	
USDJPY	일본(엔)	EURUSD	유로존(유로)
USDCNH	중국(위안)	GBPUSD	영국(파운드)
USDINR	인도(루피)	AUDUSD	호주(호주 달러)
USDSGD	싱가포르(싱가포르 달러)	NZDUSD	뉴질랜드(뉴질랜드 달러)
USDHKD	홍콩(홍콩 달러)		
USDKRW	대한민국(원)		
USDBRL	브라질(헤알)		
USDRUB	러시아(루블)		
USDCAD	캐나다(캐나다 달러)		
USDMXN	멕시코(멕시코 페소)		
USDCHF	스위스(프랑)		

기준통화와 비교통화의 강약에 따른 환율 변동

- $\dfrac{\text{₩1,100}}{\text{\$1}}$ ← (분자) 비교통화
  ← (분모) 기준통화

- $\dfrac{\text{₩1,100}}{\text{\$1}}$ 비교통화 약세 Or 기준통화 강세 → $\dfrac{\text{₩1,150}}{\text{\$1}}$ (환율 상승)

- $\dfrac{\text{₩1,100}}{\text{\$1}}$ 비교통화 강세 Or 기준통화 약세 → $\dfrac{\text{₩1,050}}{\text{\$1}}$ (환율 하락)

분은 오히려 의사소통에 혼동을 줄 수 있기 때문에 보통 '○○통화 대비 강세' 또는 '○○통화 대비 약세'라고 표현한다. 예를 들면 '유로달러' 환율이 올라갈 때는 '달러 대비 유로 강세' 또는 '유로 대비 달러 약세'라는 표현을 써서 통화의 강약을 표현하는 것이다.

기준통화가 달러화인 환율 표기는 주로 캐나다, 멕시코 등 미주 지역과 대한민국, 일본, 중국 등 아시아 지역에서 사용하며, '1달러 = ○○자국통화 단위'로 나타낸다. 반면 기준통화가 달러화가 아닌 자국통화 기준의 환율 표기는 유럽, 호주, 뉴질랜드 등의 국가에서 사용하며 '1자국통화 단위 = ○○달러'로 환산되어 나타낸다.

환율 등락의
표현들

만약 어제 달러원 환율이 1,100원이었는데 오늘 1,110원으로 시작했다면 이를 어떻게 표현해야 할까? '환율 상승', '달러원 상승', '달러 강세', '원화 약세', '달러 상승', '원화 하락' 등 다양한 표현과 함께 '환율 갭업'이라는 말도 쓸 수 있다. 중요한 것은 기준통화 대비 비교통화가 무엇인지 확실히 인지하는 것이다.

참고로 '환율 갭업(갭 상승)', '환율 갭다운(갭 하락)'은 실무에서 자주 쓰이는 용어인데, 이는 간밤에 달러원 환율에 영향을 미칠 만한

환율의 갭업(좌)과 갭다운(우)을 볼 수 있는 차트

큰 재료가 나와서 전일에 비해 환율이 큰 폭으로 상승 출발하거나 하락 출발하는 경우를 말한다. 왜 '갭업', '갭다운'이란 용어를 쓰는지는 차트를 보면 쉽게 알 수 있는데, 보통 강력한 재료가 시장의 심리를 장악해 차트 흐름상 구멍, 즉 갭(gap)을 만들기 때문이다.

핵심 포인트

환율을 표기할 때는 기준통화를 앞에 놓고 비교통화를 뒤에 놓는다. 또한 달러원 환율의 상승은 '달러 강세(상승)', '원화 약세(하락)'라고 표현하고, 달러원 환율의 하락은 '달러 약세(하락)', '원화 강세(상승)'라고 표현한다. 환율이 큰 폭으로 상승 출발할 때는 '갭업'이라 하고, 반대로 큰 폭으로 하락 출발할 때는 '갭다운'이라는 표현을 쓴다. 처음엔 헷갈릴 수 있지만 자주 접하면 익숙해질 것이다.

미국 달러는 어떻게 기축통화가 되었나?

전 세계 어느 곳에서나 통용되는 기축통화 미국 달러. 기축통화의 조건을 알아보고, 원화의 현주소를 살펴보자.

세계 각국에서 통용되는 화폐는 무엇일까? 정답은 미국 달러다. 미국 달러는 전 세계에서 각국의 통화와 다이렉트로 거래되고 있다. 사실 통화뿐만이 아니다. 산업의 근간인 석유와 철, 구리·알루미늄·니켈 등의 비철금속, 옥수수·밀 등의 농산물까지 국제거래소에서 미국 달러는 가격의 기준이 되고 있다. 그럼 왜 전 세계 통화가 미국 달러 중심으로 거래되고 있을까?

이 질문에 답하기 위해서는 먼저 기축통화에 대해 이해해야 한다. '기축통화(key currency)'란 국제 외환시장에서 금융거래나 국제 무역결제를 할 때 기본이 되는 통화다. 기축통화가 되기 위해서는 우선 전쟁으로 인해 국가의 존립이 위협받지 않을 정도로 군사 강대국이어야 하고, 고도로 발달된 금융·자본시장을 가지고 있어야 하며, 원활한 대외거래를 위해 규제나 장벽이 없어야 한다. 또한 다양한 재화나 서비스를 생산해 내수 기반이 확고해야 하며, 산업 전반적으로 균일하게 고도로 성장된 국가여야 한다. 미국이 이러한 조건을 모두 충족한다는 것은 구체적인 증빙 자료 없이도 대부분 동의하리라 생각한다.

최근 고도성장으로 기축통화의 지위를 넘보고 있는 중국 위안화는 금융·자본시장 시스템이 폐쇄적이고, 제2의 기축통화라 불리는 유로화는 관련 국가들의 성장 편차가 고르지 못해 기축통화의 조건을 충족하지 못하고 있다. 물론 조건을 모두 갖추었다 하더라도 기축통화가 되기란 쉽지 않다. 왜냐하면 기축통화의 지위를 얻기 위해서는 전 세계 주요국의 인정을 받아야 하기 때문이다.

기축통화의
조건

19세기 중반, 기축통화의 조건을 갖춘 통화는 영국의 파운드가 유일했다. 영국은 18세기 중반부터 시작된 기술 혁신과 산업 전반적인 발달로 금융·경제의 중심지가 되었고, 이때까지 파운드가 가진 기축통화의 지위는 공고했다. 하지만 제1차 세계대전 이후 유럽의 경제와 산업은 피폐해졌고, 상대적으로 피해가 적었던 미국이 급부상했다. 미국은 제2차 세계대전을 거치면서 산업 발전이 더욱 가속화되어 종전 이후에는 전 세계 GDP의 약 50%를 차지할 정도가 되었다.

한편 역사적으로 금은 전 세계 공용화폐로 통용되었는데, 제2차 세계대전의 종전을 앞두고 미국이 전 세계 금의 약 70%를 보유하게 된다. 이때 연합국 대표들은 전쟁 종료 후 안정적인 국제 통화 제도를 마련하기 위해 1944년 7월 미국 브레튼우즈에 모여 회담을 가졌다. 여기서 그들은 일정량의 금과 달러의 가치를 고정시키고, 다시 세계 각국의 통화를 달러와 일정한 비율로 고정시키는 브레튼우즈 체제를 출범한다. 미국 달러화가 세계 화폐의 중심이 된 것이다.

참고로 이를 '금환본위제(gold exchange standard)'라고 한다. 이후 미국은 경제가 급속도로 발전해 전 세계 금융의 중심지가 되었다. 하지만 사실상 고정환율제인 브레튼우즈 체제는 1960년대 미국의 금 보유량 감소와 베트남 전쟁 비용 충당을 위한 달러 발행 증가로 1971년에 해체되고 만다. 하지만 그럼에도 불구하고 여전히 미국 달러화는 오늘날까지 글로벌 기축통화의 역할을 수행하고 있다.

안전한 통화와
위험한 통화

그렇다면 기축통화가 아닌 통화들의 지위는 어떠할까? 흔히 통화에도 안전한 통화와 위험한 통화가 있다고 평가한다. '주식도 아니고 돈인데 모두 안전하지 않나?'라고 생각할 수 있지만 통화의 발행처인 각 국가의 상황을 조금만 들여다보면 왜 '안전' 여부를 따지는지 알 수 있다.

　주식 중에는 회사의 재무구조가 탄탄하고 성숙기에 접어들어 비교적 안전한 주식이 있는가 하면, 회사가 생긴지 얼마 되지 않아 상대적으로 위험한 주식도 있다. 마찬가지로 통화도 똑같이 안전한 통화와 위험한 통화가 있다. 문제는 '하이 리스크 하이 리턴'이라는 금융시장의 진리와 달리 위험을 감내하고 위험통화를 보유한다고 해서 반드시 고수익이 보장되는 건 아니라는 점이다. 오히려 안전통화에 비해 수익이 더 적을 수도 있다.

　그렇다면 안전통화와 위험통화의 기준은 무엇일까? 그 기준은 바로 '글로벌 위험 요인들이 부각될 때 강세를 보이는지, 아니면 약세를 보이는지' 여부다. 만약 금융위기나 글로벌 경제 둔화와 같은 충격이 왔을 때 해당 통화가 강세를 보이면 '안전통화', 약세를 보이면 '위험통화'로 구분한다. 반대로 글로벌 경제가 완만한 성장기(회복기)에 있고 정치·사회·금융·경제 등에 특별한 위험 요인이 없을 때 강세를 보이면 '위험통화', 약세를 보이면 '안전통화'로 구분한다. 물론 안전통화국이 신흥국에 비해 고성장한다면 해당국으로 투자자금이 유입되어 안전통화임에도 강세를 보일 수 있다.

일반적으로 기축통화이거나, 2차 기술 산업 근간의 고성장·고소득 국가의 통화이거나, 초저금리·저인플레이션 통화는 안전통화로 구분한다. 여기에서 '초저'라고 함은 대체로 0(제로)%에 가까운 것을 의미한다. 이러한 안전통화로 대표적인 것이 바로 미국 달러화와 엔화다.

유로화도 초저금리·초저인플레이션 통화이기는 하지만 독일과 프랑스 등 몇몇 국가를 제외한 나머지 국가들이 기술 중심의 2차 산업 기반이 취약해 안전통화로 구분할 수 없다. 특히 유로화는 그리스, 스페인, 이탈리아 등 유로존 내 재정 여건이 불안정한 일부 국가와 함께 엮여 있어 출범 이후 상당 기간 위험통화로 구분되어 왔다.

물론 향후 유로존의 재정 및 금융 리스크가 제거되고 산업구조가 개편되면 안전자산으로의 역할을 할 수도 있다. 현재 위험통화라고 해서 영원히 위험통화로 구분되는 것은 아니며, 조건이 충족되면 언제든 안전통화로 재구분될 수 있다. 참고로 유로화는 유로존 경기 부양을 위해 마이너스 금리 정책을 시행한 2014년 6월 이후 유로화 캐리 트레이드(금리가 낮은 통화로 자금을 조달해 금리가 높은 나라의 금융상품 등에 투자함으로써 수익을 내는 거래)가 확대되었고,

안전통화와 위험통화

구분	특징	해당 통화
안전 통화	글로벌 리스크 요인 부각 시 강세(상승)	미국 달러, 일본 엔
위험 통화	글로벌 리스크 요인 부각 시 약세(하락)	유로화(간혹 안전통화로 구분되기도 함), 호주 달러, 대한민국 원, 중국 위안, 인도 루피, 브라질 헤알, 러시아 루블 등의 신흥국 통화

유로존 재정 위기 또한 크게 부각되지 않았을 때는 간헐적으로 안전통화로 구분되기도 했다. 하지만 이후 유로존 경기 둔화 우려가 확대되고 금융권의 부실 우려가 재부각되자 다시 위험통화로 회귀했다.

엔화를 안전자산으로
구분하는 이유

전 세계 경제가 불안할 때 기축통화인 미국 달러화가 강세를 보이는 것은 이해되지만 엔화는 무엇 때문에 강세를 보일까? 엔화가 안전자산인 이유는 일본 경제가 탄탄한 이유도 있지만 초저금리·초저인플레이션 통화이기 때문이다. 장기 저성장 국면에서 일본 중앙은행은 경기 부양을 위해 기준금리를 내렸는데 경기는 살아나지 않았다. 오히려 인구 노령화와 맞물리면서 임금과 소비가 늘지 않았고 물가 또한 오르지 못했다. 결국 이러한 상황이 지속되면서 금리는 제로에 가깝게 되었다.

물가라도 높으면 시간이 지날수록 통화 가치가 떨어지는데 엔화는 그럴 위험도 아주 낮았다. 즉 엔화를 들고 있어도 가치 하락의 염려가 없었던 것이다. 엔화는 장기적으로 저금리·저인플레이션을 유지하고 있고, 산업 전반적으로 일본의 기술경쟁력 역시 글로벌 최상위 수준이다. 또한 무역 흑자가 지속되고 있으며 발행한 국채의 대부분을 국민이 보유하고 있어 대외채무로 나라가 부도날 위험도 없다. 그래서 엔화는 캐리 트레이드 통화가 될 수 있었다.

해외 글로벌 금융기관은 엔화를 아주 싸게 빌릴 수 있었다. 당연히 추정할 수 없을 정도로 많은 엔화들이 전 세계 금융기관들로부터 차입되어 신흥국가의 고금리·고수익 자산에 투자되었다. 문제는 금융위기 시 엔화의 대출금리가 올라가고, 투자했던 위험자산의 수익률도 떨어져 위험자산 처분과 엔화 상환 압박이 커지게 된다는 것이다. 이때 안전통화의 캐리 트레이드 부작용이 발생한다.

대출한 엔화를 상환하려면 엔화를 보유해야 하는데 더 오르기전에 빨리 보유하자는 심리로 엔화는 더욱 강해진다. 이러한 이유로 엔화는 글로벌 위험 요인이 부각될 시 강세를 보이는 대표적인 안전통화로 구분되었다. 글로벌 위험 요인에 대한 엔화의 반응 강도는 현재 기축통화인 미국 달러보다도 강하다.

기축통화란 국제 외환시장에서 결제할 때 기본이 되는 통화를 말한다. 기축통화국의 조건은 군사 강대국이면서 고도로 발달된 금융·자본시장을 가지고 있어야 하며, 원활한 대외거래를 위해 규제나 장벽이 없어야 한다는 것이다. 또한 내수 기반이 확고하고 산업 전반에 걸쳐 고도로 성장된 국가여야 한다. 현재 글로벌 기축통화는 미국 달러화다.

글로벌 경제 둔화와 같은 위험 요인 부각 시 강세를 보이는 통화를 '안전통화', 약세를 보이는 통화를 '위험통화'라고 한다. 대표적인 안전통화로는 미국 달러화와 일본 엔화가 있으며, 위험통화로는 대한민국 원화를 비롯한 신흥국 통화를 들 수 있다. 엔화는 캐리 트레이드 통화이기 때문에 글로벌 위험 요인 부각 시 미국 달러화에 비해 더욱 강세를 보인다.

이종통화란
무엇인가?

이종통화는 2개국 이상의 통화 분석이 동반되기 때문에 환율 예측이 어려울 뿐만 아니라 변동성 또한 크다.

'이종통화(cross currency)'는 기축통화인 미국 달러화가 아닌 여타통화들을 뜻하는 말이다. 유로화, 엔화 등이 대표적인데, 실무에서 이종통화거래라고 하면 주로 원화가 비교통화일 때 미국 달러가 아닌 여타통화를 기준통화로 하는 거래(예를 들어 엔원, 유로원 등)를 지칭한다.

　우리는 시중은행에서 원화를 필요한 엔화나 유로화로 쉽게 바꿀 수 있지만 실제 외환시장에서는 엔원·유로원이 다이렉트로 거래되지 않는다. 원화는 글로벌 외환시장에서 거래량이 상대적으로 크지 않은 통화이기 때문에 거래의 효율성을 위해 중간에 기축통화인 달러화로 먼저 교환하고, 다시 그 달러화로 엔화·유로화를 사는 과정을 거친다. 즉 고객이 원화를 주고 엔화 매입을 요청하면 은행은 원화로 달러를 사고, 다시 달러로 엔화를 사서 고객에게 주는 과정을 거친다. 총 2번 매매가 이루어지는 것이다.

유로화도 마찬가지다. 만약 수출기업이 유럽으로 제품을 수출하고 유로화로 대금을 받았다면, 해당 기업이 은행에서 환전할 때는 유로화를 매도하고 달러화를 매수한 후 다시 달러화를 매도하고 원화를 매수하는 과정을 거친다. 원화가 비교통화일 때 이종통화 거래는 보통 이렇게 2번 이상의 환전 과정을 거치게 된다.

국제 외환시장에서는 이처럼 달러원과 달러엔 또는 달러원과 유로달러와 같이 두 환율이 거래되고 있기 때문에 이종통화의 방향과 변동성을 예측하기 어렵다. 이를 예측하기 위해서는 달러와 해당 통화의 움직임을 모두 파악해야 하기 때문이다. 미국과 우리나라뿐만 아니라 일본과 유럽의 경제 펀더멘털과 수급·금융·정책적 이슈의 분석이 필요하다. 그렇기 때문에 이를 예측하는 데 고려해야 할 변수가 많다. 실제 금융기관에서 엔원·유로원 전망치를 잘 내놓지 않는 이유 중 하나도 이 때문이다.

참고로 2016년 6월 서울 외환시장은 교역 비중이 가장 큰 중국과 처음으로 통화 직거래를 시작했다. 중국 위안화는 중간에 달러화를 거치지 않고 원화와 다이렉트로 거래가 되는 통화가 되었다.

이종통화의
방향과 변동성

2016년 6월 24일, 브렉시트 투표 결과가 '탈퇴'로 밝혀짐에 따라 엔
원은 80원 폭등, 달러원은 28원 급등, 유로원은 12원 상승했다.

달러원이야 그렇다 쳐도 이종통화인 엔화와 유로화의 환율 움직
임은 왜 이렇게 크게 차이가 났을까? 이를 이해하기 위해서는 기준
통화가 안전자산(안전통화)으로 구분되는지, 위험자산(위험통화)으로
구분되는지를 먼저 파악해야 한다.

엔원을 보자. 앞서 설명했던 바와 같이 미국 달러화와 엔화는 대
표적인 안전자산으로 구분되는데, 달러화보다 엔화가 더 오랜 기
간 동안 저금리·저인플레이션·캐리 트레이드되었던 통화이기 때
문이다. 그래서 글로벌 리스크 요인 부각 시 엔화는 달러화 대비
더욱 강세를 보인다. 즉 달러화 대비 엔화 강세(달러엔 하락)에다 원
화 대비 달러 강세(달러원 상승)가 더해지면서 엔원 환율이 급등하
게 된 것이다. 반대로 글로벌 리스크 요인이 부각되지 않은 위험자
산 선호 상황에서는 엔화가 달러화보다 더욱 약세를 보인다. 이 경
우에는 원화 대비 달러화 또한 약세로 가면서 엔원 환율은 큰 폭으
로 하락할 수 있다.

유로화의 경우에는 어떨까? 원화와 동일하게 위험통화로 구분되

안전자산 선호 분위기 시 엔원 환율 움직임

$\dfrac{\text{₩1,100}}{\text{\$1}}$	달러 대비 원화 약세 →	$\dfrac{\text{₩1,150}}{\text{\$1}}$	$=\dfrac{\text{₩1,150}}{\text{¥100}}$
$\dfrac{\text{¥110}}{\text{\$1}}$	달러 대비 엔 강세 →	$\dfrac{\text{¥100}}{\text{\$1}}$	

위험자산 선호 분위기 시 엔원 환율 움직임

$\dfrac{\text{₩1,100}}{\text{\$1}}$	달러 대비 원화 강세 →	$\dfrac{\text{₩1,050}}{\text{\$1}}$	$=\dfrac{\text{₩913}}{\text{¥100}}$
$\dfrac{\text{¥110}}{\text{\$1}}$	달러 대비 엔 약세 →	$\dfrac{\text{¥115}}{\text{\$1}}$	

는 유로화는 안전자산 선호 분위기에서나 위험자산 선호 분위기에서나 상대적으로 움직임의 폭이 제한적이다.

도표를 보면 안전자산 선호 분위기 시 달러원이 50원 오른 데 비해 엔원 환율은 150원 급등했고, 위험자산 선호 분위기 시 달러원은 50원 내린 데 비해 엔원 환율은 87원 급락했다. 유로화는 엔화와 달리 움직임의 폭인 제한적이어서 안전자산 선호 분위기 시에도 9원 오르는 데 그쳤고, 위험자산 선호 분위기 시에도 3원 하락에 그쳤다.

물론 기준통화가 안전통화라고 해서 반드시 예시처럼 변동성이

안전자산 선호 분위기 시 유로원 환율 움직임

$$\frac{₩1,100}{\$1} \times \frac{\$1.1}{€1} = \frac{₩1,210}{€1}$$

| 달러
대비 | 원화
약세 | 달러
대비 | 유로
약세 | |

$$\frac{₩1,150}{\$1} \times \frac{\$1.06}{€1} = \frac{₩1,219}{€1}$$

위험자산 선호 분위기 시 유로원 환율 움직임

$$\frac{₩1,100}{\$1} \times \frac{\$1.1}{€1} = \frac{₩1,210}{€1}$$

| 달러
대비 | 원화
강세 | 달러
대비 | 유로
강세 | |

$$\frac{₩1,050}{\$1} \times \frac{\$1.15}{€1} = \frac{₩1,207}{€1}$$

큰 것은 아니다. 금융시장의 안전자산 선호 분위기를 감안했을 때
는 도표와 같은 예시가 적용될 수 있지만, 글로벌 리스크 요인이
부각되지 않은 시장(위험자산 선호 분위기)에서는 다른 변수가 작용
할 수 있다. 일본의 통화정책 변화나 경제지표 결과 등 일본 내부
적 요인에 의한 달러화 대비 엔화 강세는 우리나라 기업의 가격경
쟁력 상승으로 이어져 원화 또한 동반 강세 흐름을 보이기도 한다.

이 경우 앞의 유로원의 사례처럼 달러엔 하락(엔화 강세)과 달러원 하락(원화 강세)이 상충되어 엔원의 등락 폭이 제한될 수 있다.

반대로 기준통화와 비교통화 모두 위험통화인 이종통화일지라도 예외의 경우가 있다. 각국의 펀더멘털의 변화나 중앙은행의 통화정책 등에 의해 안전자산 선호 분위기에서도 위험통화가 강세로 가거나, 위험자산 선호 분위기에서도 위험통화가 약세로 갈 수 있다. 따라서 이종통화의 방향과 변동성을 예측할 때는 외부적 요인(해당 국가외 글로벌 리스크 요인)뿐만 아니라 내부적 요인(기준통화국의 펀더멘털, 중앙은행의 통화정책 등)까지 종합적으로 고려해야 한다.

핵심 포인트

환율을 나타낼 때 기준통화가 미국 달러화가 아닌 여타통화이면 이 통화를 '이종통화'라고 한다. 대표적으로는 엔화와 유로화가 있다. 이종통화를 원화로 바꿀 때는 보통 2번 이상의 환전 과정을 거친다. 비교통화가 원화일 때 일반적으로 기준통화가 안전통화로 구분될수록 '엔원〉달러원〉유로원' 순으로 변동성이 크다.

환율제도
이해하기

각 통화 간 등락을 이해하려면 여러 가지 환율제도의 특징과 현재 각국에서 사용하는 환율제도를 숙지해야 한다.

외환시장에서 '우리나라에는 없지만 중국에는 있는 것'은 무엇일까? 여러 가지가 있겠지만 그중 하나가 바로 '고시환율'이다. 현재 중국은 고정환율제와 변동환율제의 중간 단계인 '관리변동환율제', 그중에서도 '복수통화바스켓제도'를 사용하고 있다. 이 제도를 통해 매일 일정 시간(2019년 기준 약 오전 10시 15분)에 환율을 고시해 사용하고 있다. 반면 우리나라는 변동환율제를 쓰고 있어 별도의 고시 없이 시장에서 외화의 수요와 공급에 의해 환율이 결정된다.

글로벌 외환시장은 이처럼 '고정환율제'와 '변동환율제', 그리고 '관리변동환율제'를 쓰는 나라들로 구성되어 있다. 외환시장에서 각 통화 간 상관성과 변동폭을 이해하기 위해서는 고정환율제와 변동환율제의 특징과 현재 각국에서 어떤 환율제도를 사용하고 있는지에 대해 반드시 숙지하고 있어야 한다.

고정환율제(페그제), 변동환율제, 관리변동환율제

고정환율제는 자국통화를 어느 특정 통화(주로 미국 달러)에 고정시키는 환율제도로 주로 개발도상국에서 시행한다. 이 제도는 안정적인 환율을 토대로 계획적인 무역거래와 해외투자를 유치할 수 있다는 장점이 있다.

고정환율제와 변동환율제를 사용하는 국가 구분

고정환율제	홍콩, 사우디아라비아
관리변동환율제	중국, 러시아, 대만, 말레이시아, 싱가포르, 태국, 캄보디아, 인도네시아, 헝가리
변동환율제	고정환율제와 관리변동환율제 사용 국가를 제외한 한국, 미국, 유로존, 일본을 비롯한 대다수 국가

자료: 각국 중앙은행 홈페이지

중앙은행이 환율을 특정 레벨에 고정(주로 평가절하)함으로써 기업은 수출 경쟁력을 높일 수 있고 이와 함께 경상수지 흑자를 유도할 수 있게 된다.

반면 환율 변동이 제한되어 국제수지 불균형이 발생하더라도 시장에 의한 자율조정을 할 수 없게 되고, 불균형이 장기화되면 물가가 불안정해져 교역국과의 마찰이 불가피해진다는 단점이 있다. 고정환율제는 기축통화인 미국 달러화에 주로 연동되기 때문에 해당국 통화 대비 원화의 움직임은 사실상 달러원의 움직임과 같다. 실제로 미국 달러원과 홍콩 달러원을 비교하면 움직임이 거의 같다는 걸 알 수 있다. 또한 국제수지 불균형이 장기화되는 경우 고정되어 있는 통화의 비율을 변경할 수 있으므로 주의해야 한다.

변동환율제는 실제 외환의 수요와 공급이 시장에서 거래되어 가격(환율)을 형성하는 환율제도로 국제수지의 불균형이 가격(환율)

미국 달러원과 홍콩 달러원 비교

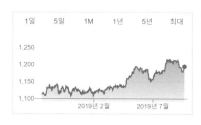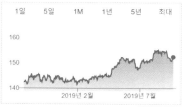

미국 달러원(좌)과 홍콩 달러원(우) 비교. 홍콩 달러와 미국 달러의 비율이 고정되어 있어 변동환율제를 쓰고 있는 우리나라의 미국 달러원과 홍콩 달러원의 움직임은 거의 같다.

변동 메커니즘으로 해소된다는 장점이 있다. 반면 실수급이 아닌 투기 목적의 세력에 의해 환율 변동성이 확대될 수 있다는 단점도 가지고 있다. 이 경우 중앙은행과 정부가 시장에 개입해서 환율을 컨트롤하기도 한다. 현재 세계 교역국 중 80% 이상이 변동환율제를 채택하고 있다.

관리변동환율제는 고정환율제와 변동환율제의 중간 단계로 고정환율제에서 변동환율제로 가는 과도기적 환율제도라고 할 수 있다. 중국이 사용하고 있는 복수통화바스켓제도가 관리변동환율제의 한 종류다.

복수통화바스켓제도는 주요 교역국의 통화를 교역 규모에 따라 가중평균해 바스켓에 담아 적정 환율을 산출하는 방식이다. 환율 변동의 상하한을 정해두고 환율이 관리 범위를 벗어날 경우 외환 당국이 이를 규제하는 형태다. 고정환율제의 안정성과 변동환율제의 국제수지 불균형을 일부 해결할 수 있는 제도로 중국을 비롯한 여러 신흥국에서 사용하고 있다.

핵심 포인트

우리나라는 '변동환율제'를, 홍콩은 '고정환율제'를, 중국은 변동환율제와 고정환율제의 중간 단계인 '관리변동환율제'를 채택하고 있다. 중국은 매일 일정 시간(오전 10시 15분)에 환율을 고시한다.

외환시장을 구분하고
특징을 파악하자

현물·선물·스왑시장은 서로 연동되어 통화 간 적정 환율을 도출한다. 각 시장의 구조와 특징을 파악해 환율을 좀 더 명확하게 이해하자.

외환시장은 실시간으로 외화를 주고받는 거래가 이루어지는 '현물시장(spot market)'과 현 시점에서 미래 특정 시점에 외화를 주고받겠다고 계약하는 '선물시장(futures market)', 그리고 서로 다른 날에 양국의 통화를 교환한다고 계약하는 '스왑시장(swap market)'으로 구분된다. 비록 시장이 나누어져 있기는 하지만 유기적으로 연동되어 있고, 효율적으로 움직이며, 거래비용을 상회하는 괴리가 발생하면 즉시 시장 균형환율로 회귀한다.

현물·선물·스왑시장이란
무엇인가?

먼저 현물시장은 실생활에서 언론을 통해 쉽게 접할 수 있는 일반적인 외환시장을 말한다. 즉 개인과 기업이 시중은행을 통해 외화를 바로 사고파는 시장이다. 또한 매일 뉴스에서 외환시장 마감 후 환율이 얼마나 오르내렸는지 보도하는 것은 바로 이 현물시장의 결과를 말하는 것이다. 이 책에서 다룰 대부분의 내용 역시 현물시장을 중심으로 한 것이다.

반면 선물시장은 미래 특정 시점에 매매할 환율을 현 시점에서 미리 사고파는 외환시장을 말하는데, 위험 회피 목적인 헤지(hedge)거래와 투기(speculation)거래가 주를 이룬다. 만약 기업이 수출을 한 후 3개월 뒤에 매출처로부터 달러를 수취한다는 수출계약을 맺었다 가정해보자. 수출계약과 동시에 3개월 뒤 특정 시점의 달러를 미리 팔겠다는 계약을 함께 하면 향후 달러를 수취했을 때 환율 하락에 따른 환차손 위험이 제거된다. 이것이 바로 헤지 목적의 선물거래다.

선물시장은 거래소에서 불특정 다수와 거래하는 '장내 선물시장'과 거래소 없이 장외에서 신용 또는 보증금으로 1:1 거래를 하는 '선물환시장(forward market)'이 있다. 장내 선물(통화선물)거래는 보통 선물사나 증권사를 통해 할 수 있고, 선물환거래는 주로 은행을 통해 할 수 있다. 특히 장내 선물거래는 거래 주체와 목적의 제약이 없고, 현물의 교환 없이 계약 환율과 미래 환율의 차액만 가지고 정산할 수도 있기 때문에 투기거래로도 많이 이용된다.

한편 스왑시장은 주로 기업 또는 금융기관들이 참여하는 시장으로 두 통화 간 서로 다른 시점의 거래, 즉 현물거래와 선물거래 또는 선물거래와 선물거래를 동시에 실행해 환율과 금리 변동 위험을 회피하는 거래다. 외환시장에서 스왑은 일반적으로 '외환스왑'과 '통화스왑'으로 구분되는데, 이 중 외환스왑이 대다수를 차지하고 있다.

외환스왑과 통화스왑은 먼저 근시일 내 원화와 외화(주로 달러)를 교환하고 일정 기간 후 정해진 계약 만기에 다시 처음과 동일한 환율로 재교환하는 계약을 말한다. 각기 조달한 원화 또는 외화의 이자를 중도에 교환하면 통화스왑, 이자 교환 없이 이자(양국의 금리)를 만기 환율에 반영시켜 교환하면 외환스왑이라고 한다. 따라서 통화스왑은 이자를 따로 정산하기 때문에 초기 교환 환율과 만기 교환 환율이 같은 반면, 외환스왑은 만기 환율에 이자분이 반영되기 때문에 초기와 만기의 교환 환율이 다르다.

보험사나 자산운용사와 같은 금융기관은 해외투자 시 원화를 달러로 환전하고 미래 투자 만기 시점에 다시 원화로 환전해 투자자금을 회수하는 거래를 동시에 한다. 즉 환변동 위험을 제거할 목적으로 통화스왑과 외환스왑을 많이 이용한다. 한편 기업은 자금조

선물 환율의 가격 결정 구조

현재 환율 / 1년 뒤 환율(1Y 선물환율)

₩1,100 — 은행에 예치 (한국 금리 1.50%) → ₩1,116.50

$1 — 은행에 예치 (미국 금리 2.25%) → $1.0225

= ₩1,091.93

달 목적으로도 통화스왑을 이용한다. 국내외에서 외화로 자금을 조달한 후 통화스왑을 통해 원화로 바꾸고 원화 이자를 내는 것이 국내 금융시장에서 원화자금을 조달하는 비용(이자)보다 유리한 때가 있는데, 이 경우 통화스왑거래가 성립된다.

참고로 선물환율은 양국의 시장금리 차이를 근간으로 결정된다. 또한 향후 양국의 금리 전망과 스왑시장(선물환시장)의 수급 등에도 영향을 받는다. 예를 들어 1년 이내에 우리나라 금리가 하락하고 미국 금리가 상승할 것으로 예상되거나, 선물(환) 매도 공급이 강하다면 시장에서 1년 뒤 선물환율은 1091.93원보다 더 낮게 거래될 수 있는 것이다.

선물환율과 현물환율과의 차이를 '스왑포인트(Swap point)'라고 한다. 금리만 반영한 예시 도표에서 1년짜리 스왑포인트는 '1,091.93 − 1,100', 즉 −8.07원임을 알 수 있다. 실무에서는 스왑포인트에 따라서 선물계약 환율이 달라지기 때문에 거래 기간에 따른 스왑포인트 동향을 자주 체크하고 있다. 만약 예시와 같이 선물

환율이 현물환율보다 낮을 때는 선물환 매수 쪽은 현재 환율보다 스왑포인트만큼 더 낮게, 유리하게 계약할 수 있다. 반대로 선물환 매도 쪽에서는 현물환율보다 스왑포인트만큼 더 낮게 불리한 계약을 할 수밖에 없다.

스왑거래는 보통 외환위기와 같은 금융시장 불안에 대비하기 위한 목적으로 국가 간에도 체결된다. 예를 들어 어느 국가 외환보유고가 부족한 상황에서 글로벌 경기 둔화 우려나 유럽 경기 불안 우려로 달러 조달금리가 상승하면 단기외채가 집중된 해당 국가는 외환위기에 빠질 수 있다. 이때 통화스왑 협정을 체결한 상대 국가에서 달러를 조달해 외환위기를 피할 수 있는 것이다.

우리나라는 지난 2008년 글로벌 금융위기 때 한·미 통화스왑을 통해 단기 외화 유동성을 확보한 적이 있다. 2008년 10월 30일 〈한국경제신문〉의 관련 기사 내용을 살펴보자.

통화스왑 체결로 환율 폭락… 1,350원에서 등락

한국·미국 간 통화스왑 협정 체결과 미국 기준금리 인하 등의 호재로 투자심리가 안정되면서 달러원 환율이 폭락하고 있다. 이 날 달러원 환율은 한·미 간 300억 달러 통화스왑 협정 체결과 미국 기준금리 인하 소식에 투자심리가 크게 호전되면서 전날보다 77원이 급락한 1,350원으로 장을 시작했다. 한국은행은 30일 새벽, 미국 연방준비제도이사회와의 협상 끝에 양국 간 통화스왑 협상이 최종 타결

되었다고 공식 발표했다. 한국은행은 이번 계약에 따라 미국 연준으로부터 원화를 대가로 최대 300억 달러 이내에서 미국 달러화 자금을 공급받게 된다고 설명했다. 계약기간은 내년 4월 30일까지다.

외환시장의 규모와
주요 거래통화

글로벌 외환시장의 하루 평균 거래 규모는 5조 달러가 넘으며, 이들 거래는 영국, 미국, 싱가포르, 홍콩 순으로 많다. 이들 4개 국가의 거래소에서는 전 세계 외환의 70% 이상이 거래되고 있다. 통화 규모별로는 미국 달러화가 43.8%, 유로화가 15.6%, 엔화가 11.6% 순인데, 이들 3개 통화의 비중 또한 70%를 넘어선다. 따라서 글로벌 시장 참가자들은 늘 뉴욕과 런던 외환시장에서 미국 달러화, 유로화, 엔화의 흐름에 주목하고 있으며, 여타통화의 움직임을 추정할 때 반드시 이들 주요 통화의 상대적 움직임을 참고한다. 이들 3개 통화의 비중은 되도록 자주 모니터링하는 것이 좋다.

　2016년 기준으로 우리나라 외환시장의 거래 규모는 하루 평균 478억 달러다. 이는 세계 14위의 규모이며 현물환·선물환·스왑·옵션 중 현물환거래가 42%로 가장 많다. 현물환거래 규모는 76% 이상이 달러원이고, 위안화·엔화·유로화 등이 나머지를 차지하고 있다.

현물환 시장은
어떻게 구분할까?

우리나라 외환시장은 은행 중심으로 이루어져 있다. 외환시장의
거래 주체는 크게 중앙은행(정부)과 금융기관(은행이나 증권사 등), 기
업, 개인 등으로 구성되는데, 대부분의 거래 주체들은 시중은행을
통해서 외환거래를 한다. 은행의 입장에서는 은행을 제외한 시장

우리나라 외환시장의 거래 규모 추이

(백만 달러, %)

	2004	2007	2010	2013 (A)	2016 (B)	증감 (B-A)
전체 외환상품	20,529	35,235	43,824	47,520	47,814	294 [0.6]
현물환	10,260 (50.0)	17,417 (49.4)	18,488 (42.2)	19,848 (41.8)	20,227 (42.3)	379 [1.9]
선물환	3,598 (17.5)	5,141 (14.6)	6,101 (13.9)	7,320 (15.4)	8,774 (18.4)	1,454 [19.9]
외환스왑	5,951 (29.0)	10,838 (30.8)	18,420 (42.0)	19,015 (40.0)	17,788 (37.2)	−1,227 [−6.5]
통화스왑	280 (1.4)	1,205 (3.4)	654 (1.5)	783 (1.6)	813 (1.7)	30 [3.8]
통화옵션 등 [3]	441 (2.1)	633 (1.8)	161 (0.4)	554 (1.2)	213 (0.4)	−314 [−61.6]

주: 1) 국내 조사 대상 금융기관 간 중복거래(double-counting) 제외
2) ( ) 안은 전체 거래 대비 비중(%), [ ] 안은 전기 대비 증감률(%)
3) 기타 외환파생상품 포함

자료: 한국은행

세계 외환시장의 통화별 거래 비중 추이

(백만 달러, %)

순위[2]	통화	2004	2007	2010	2013	2016
1	미국 달러화	88.0	85.6	84.9	87.0	87.6
2	유로화	37.4	37.0	39.1	33.4	31.3
3	일본 엔화	20.8	17.2	19.0	23.1	21.6
4	영국 파운드화	16.5	14.9	12.9	11.8	12.8
5	호주 달러화	6.0	6.6	7.6	8.6	6.9
6	캐나다 달러화	4.2	4.3	5.3	4.6	5.1
7	스위스 프랑화	6.0	6.8	6.3	5.2	4.8
8	중국 위안화	0.1	0.5	0.9	2.2	4.0
9	스웨덴 크로나화	2.2	2.7	2.2	1.8	2.2
10	멕시코 페소화	1.1	1.3	1.3	2.5	2.2
11	뉴질랜드 달러화	1.1	1.9	1.6	2.0	2.1
12	싱가포르 달러화	0.9	1.2	1.4	1.4	1.8
13	홍콩 달러화	1.8	2.7	2.4	1.4	1.7
14	노르웨이 크로네화	1.4	2.1	1.3	1.4	1.7
15	**대한민국 원화**	1.1	1.2	1.5	1.2	1.6
16	터키 리라화	0.1	0.2	0.7	1.3	1.4
17	인도 루피화	0.3	0.7	1.0	1.0	1.1
18	러시아 루블화	0.6	0.7	0.9	1.6	1.1
19	브라질 헤알화	0.3	0.4	0.7	1.1	1.0
20	남아공 랜드화	0.7	0.9	0.7	1.1	1.0
	기타	9.4	11.1	8.3	6.3	7.0
	합계[3]	200.0	200.0	200.0	200.0	200.0

주: 1) 국내 조사 대상 금융기관 간 중복거래(double-counting) 제외
2) 2016년 거래 비중 기준
3) 외환거래 특성상 거래 양방의 통화를 합산함에 따라 비중의 합계가 200%로 나타남

자료: 한국은행

대 고객시장과 은행 간 시장의 거래방법

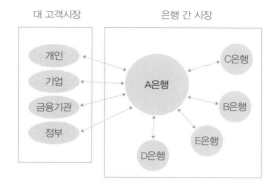

참가자들이 고객이 되는 셈이므로 이 시장을 '대(對) 고객시장'이라고 부른다. 반면 은행은 다시 은행들끼리만 모여 있는 외환시장에서 거래를 하게 되는데 이를 '은행 간 시장' 혹은 '인터뱅크시장(interbank market)'이라고 한다.

대 고객시장에서는 중앙은행, 기업, 개인, 외국인 투자자, 금융사 등이 은행에 외환거래를 요청하면 은행은 해당 외화를 은행 간 시장에서 매매처리해 거래 수수료를 수취한다. 은행 간 시장에서의 거래 단위는 100만 달러인데, 개인보다는 정부, 기업, 외국인 투자자가 거래량도 크고 지속적이기 때문에 단위당 수수료가 적은 것이 보통이다.

은행 간 시장은 국내에 소재한 시중은행(내·외국계)들과 일부 현물환거래 라이센스가 있는 증권사가 참여하고 있는데, 아직 증

실무나 뉴스, 언론에서 지칭하는 외환시장은 은행 간 시장을 의미한다.

권사 물량은 미미하고 거래의 대부분은 시중은행이 소화하고 있다. 또한 은행 간 시장에서는 대 고객시장에서의 거래 물량(cover deal) 외에도 은행이 자체적으로 보유한 외화자산을 자체 운용계정을 통해 사고팔아 수익을 얻는다. 이러한 거래를 '자기자본거래(propriety trading)'라고 한다. 한편 은행 간 시장의 참여자들은 서울외국환중개, 한국자금중개와 같은 중개기관을 통해 거래를 하고 이들 중개기관은 수수료를 얻는다.

　은행 간 시장에서는 기업이 사고판 외화뿐만 아니라 중앙은행이나 금융기관(은행이나 증권 등)과의 거래를 모두 포괄한다. 그러므로 실무나 뉴스, 언론에서 지칭하는 외환시장은 은행 간 시장을 의미한다. 또한 매일 장 마감 후 매스컴을 통해 공시하는 환율 또한 이 은행 간 시장에서 거래된 현물환율의 종가를 의미한다.

외환거래 체결
메커니즘

은행 간 시장에서 시장 참가자들이 서울외국환중개와 같은 중개기관을 통해 거래할 때 어떤 구조로 거래가 체결될까? 각 은행들은 대 고객시장과 은행 간 시장의 거래 물량을 처리하기 위해 중개기관에 매수호가(bid)와 매도호가(ask, offer)를 낸다. 만약 A은행이 1,100.0원에 매수호가를 내고 1,100.30원에 매도호가를 냈다고 가정하고, B은행이 1,100.20원에 매수호가를 내고 1,100.50원에 매도호가를 냈다고 가정해보자. C은행이 외화를 산다고 하면 A은행이 B은행보다 낮은 가격에 판다고 호가를 냈으니 A은행의 매도호가(1,100.30원)에 매수거래가 체결될 것이다. 반면 B은행은 A은행보다 높은 가격에 산다고 호가를 냈으니 만약 C은행이 외화를 판다고 하면 B은행의 매수호가(1,100.20원)에 매도거래가 체결될 것이다.

중개기관은 시장 참가자들의 모든 호가를 모아 최우선 체결 가능 호가를 보여주는데, 여러 시장 참가자들의 매수·매도호가를 모아보면 최우선 매수·매도호가를 확인할 수 있다. 외환시장은 이처럼 경쟁호가 방식을 통해 효율적으로 거래되고 있다. 참고로 실제 은행 간 시장에서는 여러 은행들이 호가를 제시하기 때문에 매수·매도호가의 차이는 보통 0.10~0.20원으로 아주 촘촘하다. 이러한 매수·매도호가의 차이를 '매매가격 차이', 영어로는 'bid-ask(offer) spread'라고 한다.

은행 간 시장과
대 고객시장의 거래비용

은행 간 시장에서 누군가 바로 달러를 사고팔고자 한다면 환율은 최우선 호가로 거래될 것이다. 체결된 가격은 달러를 사고자 하는 수요와 팔고자 하는 공급의 양에 따라 계속해서 변하는데, 이렇게 움직이는 환율이 일반적으로 우리가 알고 있는 '현물환율(spot rate)'이다. 하지만 우리가 달러를 사고팔 때는 실시간으로 움직이는 현물환율로 거래할 수 없다. 매매기준율에서 수수료가 가감된 환율로 사고팔게 된다.

앞서 언급했듯이 외환딜러는 대 고객시장에서 거래한 물량을 은행 간 시장에서 다시 매매한다. 거래금액이 은행 간 시장에서의 거래 단위(100만 달러)를 충족하지 못할 수 있기 때문에 은행은 대 고객 물량이 거래 단위를 충족할 때까지의 환율 변동 리스크와 업무처리비용 등의 명목으로 일정량의 거래 수수료를 매매기준율에 반영한다. 물론 수백만 달러를 한 번에 거래하는 대기업 등의 경우에는 바로 딜링룸에서 직거래가 가능하기 때문에 비교적 적은 거래

회차	시간	현찰		송금		T/C 사실 때	외화수표 파실 때	매매 기준율	직전대비	환가 료율	미화 환산율
		사실 때	파실 때	보낼 때	받을 때						
391	19:59:20	1,233.71	1,191.29	1,224.30	1,200.70	1,227.05	1,199.38	1,212.50	0	3.93900	1.0000
390	19:02:41	1,233.71	1,191.29	1,224.30	1,200.70	1,227.05	1,199.38	1,212.50	0	3.93900	1.0000
389	18:25:39	1,233.71	1,191.29	1,224.30	1,200.70	1,227.05	1,199.38	1,212.50	0	3.93900	1.0000
388	17:46:05	1,233.71	1,191.29	1,224.30	1,200.70	1,227.05	1,199.38	1,212.50	0	3.93900	1.0000
387	17:26:03	1,233.71	1,191.29	1,224.30	1,200.70	1,227.05	1,199.38	1,212.50	▲ 1.00	3.93900	1.0000
386	17:06:56	1,232.70	1,190.30	1,223.30	1,199.70	1,226.03	1,198.38	1,211.50	▼ 0.50	3.93900	1.0000
385	16:59:24	1,233.21	1,190.79	1,223.80	1,200.20	1,226.54	1,198.88	1,212.00	▲ 0.50	3.93900	1.0000

KEB하나은행 홈페이지에 고시된 매매기준율. 은행은 수 초~수 분 간격으로 대 고객 매매기준율을 고시한다.

비용만 가산해 현물환율과 비슷한 수준으로 매매할 수 있다.

은행은 은행 간 시장에서 대 고객시장을 위해 거래한 환율을 기준으로 수 초~수 분 간격으로 매매기준율을 고시한다. 이때 은행별로 고시하는 시점이 다르기 때문에 매매기준율 또한 달라질 수밖에 없다. 여기에 은행별로 부과하는 수수료마저 상이하기 때문에 은행별로 거래 가능한 환율이 다르다. 만약 시장 환율이 오르고 있다면 가장 최근에 고시한 은행의 매매기준율이 높게 될 것이다.

한편 외화 매매 시 '송금(전신환)〉수표〉현찰'순으로 거래 규모가 크고 업무 처리비용이 적게 들어가기 때문에 매매기준율에 가산되는 수수료도 적다. 참고로 기업에서 회계 처리 시 사용하는 '은행 최초 고시 매매기준율'은 앞에서 언급된 매매기준율과는 성격이 다르다. 이 경우에는 전일 하루 동안 거래된 환율과 거래량을 가중 평균한 시장평균환율제(MAR ; Market Average Rate)를 사용한다.

외환거래의
목적과 특징

외환시장의 참가자인 중앙은행, 금융기관, 기업, 개인 등은 각자 외환거래 목적과 특징이 있다. 차례대로 알아보면 다음과 같다.

① **중앙은행**: 중앙은행의 외환시장 참여 목적은 주로 외환시장의 과도한 쏠림을 방지하고 안정적이면서 균형적인 환율을 유지하는 데 있다. 한국은행은 준비자산계정을 운용해 만약 예기치 못한 외부 충격에 환율 변동성이 커지면 외화를 사고팔아서 환율 변동성을 완충한다.

② **금융기관**: 금융기관은 시중은행과 종합금융회사 등으로 나눌 수 있는데, 거래량의 대부분을 시중은행이 소화하고 있다. 은행은 대 고객거래를 위한 커버딜(외환 잔고를 조절하기 위해 고객 주문과 같은 방향으로 시장에 주문하는 거래)을 통해 고객 수수료를 챙긴다. 또한 자기자본계정을 통해 환율이 낮을 때 외화를 매입해 높을 때 매도하거나, 높을 때 매도해 낮을 때 매입하는 방식으로

주체별 외환거래금액 비중

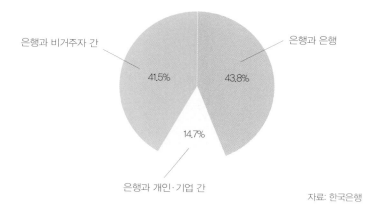

은행과 비거주자 간 41.5%

은행과 은행 43.8%

14.7%

은행과 개인·기업 간

자료: 한국은행

절대수익을 추구한다.

③ **외국인(비거주자):** 주로 주식과 채권 등 원화자산투자를 위한 실수요거래 또는 외환차익 등을 위한 투기거래를 하며, 대 고객시장에서 기업거래와 함께 가장 큰 포지션을 차지한다.

④ **기업:** 일반 수출입기업과 공기업으로 나뉘는데 교역으로 인한 외화 수급, 즉 상품(무역)수지를 구성하는 수요와 공급이 대부분을 차지한다. 상품수지는 실수급을 중심으로 환율의 중장기 방향을 결정하는 데 중요한 역할을 한다.

⑤ **개인:** 개인은 주로 해외여행 또는 물품 구입 및 판매 활동을 통해 외환 매매를 하게 된다. 대부분 소액이라 외환시장에 미치는 영향은 제한적이다.

24시간 돌아가는
글로벌 외환시장

글로벌 외환시장(현물)은 시간 순서대로 아시아·유럽·뉴욕으로 이어진다. 아시아는 우리 시각으로 오전 7시에 뉴질랜드·호주를 시작으로, 9시에는 대한민국·일본, 10시에는 홍콩·싱가포르·중국 순으로 개장한다. 이후 순서대로 오후 3~5시에 마감한다. 또한 유럽장은 오후 4시 프랑스·독일·스위스를 시작으로 오후 5시에는

글로벌 외환시장의 정규 운영시간

· FX마진 24시간 · CME 전산장 7:00~6:00

7	8	9	10	11	12	13	14	15	16	17	18	19	20	21	22	23	24	1	2	3	4	5	6

London 17:00~20:00
(summer time → 16:00~1:00)

New York 22:00~6:00
(summer time → 21:00~5:00)

Sydney 7:00~16:00

Tokyo
9:00~11:30, 12:30~16:00

Korea 9:00~15:30

Hongkong 10:00~17:00

Shanghai 10:30~12:30,
14:00~16:00

Singapore
11:00~15:30

자료: 각국 거래소

런던이 개장하며, 순서대로 새벽 1~2시에 마감한다. 마지막으로 미국장은 유럽장과 상당 부분 겹치는데 오후 10시에 시작해 새벽 5시에 마감한다. 주요 통화들이 현물장에서 22시간 연속으로 거래된다는 뜻이다.

24시간에서 부족한 나머지 시간은 '역외선물환시장(NDF시장)'과 '선물시장'이 채운다. 역외선물환시장의 경우 싱가포르·런던·뉴욕 시장으로 이어지며 24시간 거래되고 있다. 선물시장은 23시간 거래된다. 달러·유로·엔 등 글로벌 주요 통화가 현물장과 파생시장을 통해 24시간 거래되고 있는 것이다. 또한 24시간 글로벌 주요국에서 나온 모든 금융시장의 이슈와 재료들은 거래시장이 다를 뿐이지 환율에 계속해서 반영되고 있다. 실로 효율적인 시장이 아닐 수 없다.

핵심 포인트

외환시장은 '현물시장'과 '선물시장', 그리고 '스왑시장'으로 구분된다. 이 중 현물시장이 가장 크며 그중에서도 달러원 거래 비중이 압도적으로 많다. 은행과 기타 참가자들 사이의 거래시장을 '대 고객시장'이라 하고, 은행들만 모여서 하는 거래를 '은행 간 시장' 또는 '인터뱅크시장'이라고 한다. 글로벌 외환시장은 아시아·유럽·미국순으로 이어지며 24시간 거래된다.

역외환율(NDF)이란
무엇인가?

달러원 역외선물환시장은 24시간 거래된다. 외국인 투자자들은 역외선물환시장을 통해 환율에 막대한 영향력을 행사한다.

🔆 만일 전일 대비 환율이 10원 급등해 시작했다면 간밤에 무슨 일이 있었던 것일까? 정답은 역외선물환(NDF : Non-Delivery Forward)에 있다. 앞서 글로벌 외환시장은 싱가포르·런던·뉴욕을 거치면서 24시간 운영된다고 했는데 달러원 환율거래도 예외는 아니다.

다만 서울 외환시장(현물장)이 끝나는 15시 30분 이후에는 '달러원 NDF'라는 이름으로 주로 거래가 된다. 즉 오늘 서울 외환시장에서 환율이 10원 높게 시작한 이유는 밤새 뉴욕 NDF시장에서 거래된 달러원 NDF 환율 중 가장 마지막으로 거래된 환율, 즉 종가가 서울 외환시장의 전일 현물환율 종가 대비 10원 높았기 때문이다. 달러원 환율은 현물시장과 NDF 시장을 거쳐 다시 현물시장으로 계속 순환한다.

NDF
이해하기

NDF를 이해하기 위해서는 먼저 '포워드(forward)'의 개념을 알 필요가 있다. 일반적인 포워드는 미래 특정 시점(계약 만기)에 정해진 환율로 외화 실물을 사고파는(delivery) 선물계약을 말한다. 즉 계약된 가격으로 미래 시점에 자산을 매매하는 거래다. 용어로는 '선도거래(forward contract)'라고 하지만 실무에서는 편의상 뒷부분(contract)을 생략하고 '포워드'라고 부른다.

  NDF거래는 포워드와 같지만 만기 이전이라도 언제든지 외화금액을 사고팔 수 있으며, 실제 외화의 교환(delivery)이 일어나지 않고 차액정산만 하기 때문에 결제 과정도 간단하다. 또한 신용도가 좋은 허가된 회원들끼리만 거래하기 때문에 결제 불이행 위험과 거래 규제가 낮아 전 세계 주요 시장에서 다양한 통화들이 NDF를 통해 거래되고 있다.

현물시장을 흔드는
NDF시장과 역외세력들

NDF시장의 참여자는 국내 시중은행도 있지만 대부분 해외 소재 외국계 투자은행이다. 외환 관련 뉴스나 기사에서 흔히 볼 수 있는 역외세력이 바로 외국계 은행 중심의 NDF 거래자들이다. 반대로 역내시장은 대한민국 서울 외환시장에서 시중은행들이 거래하는 시장을 말한다.

NDF시장의 하루 평균 거래량은 2017년 기준으로 서울 외환시장의 3/4에 불과하지만 규모와 별개로 파급효과는 서울 외환시장보다 결코 작다고 할 수 없다. 글로벌 통화의 움직임을 좌우하는 경제지표를 비롯한 금융 일정, 즉 재료들이 주로 유럽과 미국장 시간에 발표되기 때문에 서울 외환시장이 종료된 후 유럽장을 거쳐 뉴욕장으로 이어지면서 거래량과 변동성이 확대된다. 역외세력이 NDF시장에서 NDF 환율을 끌어올리면 다음날 서울 외환시장에서 달러원 현물환율은 여지없이 높게 시작된다. 실제로 역외세력이 순매수한 달은 달러원 환율이 대체로 상승하고, 순매도한 달은 대체로 하락하게 된다.

지난 2014년 1월부터 2016년 1월까지 역외세력의 NDF 매수 누적 규모는 약 800억 달러가량에 달한다. 같은 기간 달러원 환율의 추이를 보면 역외세력의 순매입에 큰 영향을 받는 것을 알 수

역외세력(비거주자)의 NDF 순매입에 따른 달러원 환율 추이

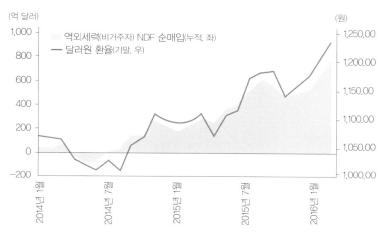

자료: 한국은행

있다.

NDF시장은 헤지 목적의 거래뿐만 아니라 투기거래 또한 활발하다. 본래 실제 외화가 교환되지 않기 때문에 굳이 서울 외환시장에서 달러와 원화를 사고팔 필요가 없다. 하지만 서울 외환시장이 열리고 있는 와중에도 투자 차익을 목적으로 한 역외 글로벌 투자은행과 헤지펀드들의 베팅이 NDF시장에 집중된다. 파생시장이 현물시장을 흔드는 웩더독(wag the dog) 현상이 외환시장에서 자주 목격되는 이유다.

역외세력의 NDF 포지션 확인

차액결제선물환(NDF) 거래

- 2016년 3/4분기 중 비거주자의 NDF 거래(국내 외국환은행과의 매매 기준)는 전분기의 91억 6천만 달러 순매입에서 42억 7천만 달러 순매도로 전환

- 미국 연방준비제도의 금리 인상 지연 기대, 글로벌 위험 선호심리 개선 등에 주로 기인

비거주자의 NDF 순매매[1] 추이

(억 달러, 원)

	2014	2015	2016					
			1/4	2/4	3/4	7월	8월	9월
NDF 순매입[2]	221.8	308.1	148.6	91.6	−42.7[p]	−13.0	−35.6	5.9[p]
원/달러 환율[3]	1,053.1	1,131.5	1,200.9	1,163.3	1,120.3	1,141.7	1,111.4	1,106.8

주: 1) 국내 외국환은행과의 NDF(ND Swap 포함) 거래 기준
2) +는 순매입, −는 순매도 3) 기간 중 평균 환율 4) p는 잠정치
자료: 한국은행 보도자료

환율의 방향을
좌우하는 역외 포지션

NDF시장에는 외국인 투자자뿐 아니라 국내 외국환은행도 참여하고 있는데, 역외시장 참가자들이 국내 외국환은행과의 거래에서 취한 포지션을 파악하는 것은 매우 중요하다. 국내 외국환은행

에 비해 막대한 자금력을 가진 역외세력은 본인이 취한 포지션대로 NDF환율을 끌어올리거나 끌어내리려는 성향이 강하다. 때문에 역외세력이 취한 누적 포지션과 매매 동향을 파악하는 일은 환율의 향후 움직임을 예측하는 데 있어 매우 중요한 단서가 된다.

하지만 역내(국내)시장이 아닌 역외시장에서 NDF 역외시장 참가자들의 포지션을 실시간으로 집계하기란 불가능에 가깝다. 한국은행은 외국인 투자자의 NDF 순매수·순매도 포지션을 분기마다 집계해서 공개하고 있다. 상당히 후행하지만 이는 외국인 포지션의 중장기 추세를 가늠할 수 있는 중요한 자료다.

핵심 포인트

NDF는 실제 통화의 교환이 일어나지 않는 외환거래로, 차액정산만 하기 때문에 결제 과정이 간단하다. 또한 거래 규모나 세금 등의 규제가 낮기 때문에 전 세계 주요 시장에서 다양한 통화들이 NDF를 통해 거래되고 있다. 달러원 NDF 환율은 싱가포르·런던·뉴욕시장을 거쳐 24시간 거래된다. 따라서 뉴욕 NDF시장에서 최종 거래된 NDF 환율이 다음날 달러원 현물시장의 시작가가 된다. NDF시장은 역외 투기세력의 장이며, 역외 플레이에 따라 달러원 환율의 방향이 좌우되는 경우가 많다. 특히 뉴욕 NDF시장에서는 달러화를 움직일 수 있는 이슈가 많이 발표되므로 달러원 환율의 변동성이 커진다.

환율의 등락에 따라 나타나는 경제현상

환율은 무한히 상승하거나 하락할 수 없다. 환율의 등락에 따라 변화하는 경제현상은 언제나 환율을 평균으로 회귀시킨다.

우리는 언제 환율의 영향을 피부로 느낄 수 있을까? 학창 시절 필자는 환율의 상승과 하락을 피부로 전혀 체감하지 못했다. 오른들 어떠하고 내린들 어떠하리. 하지만 경제 활동을 하고 실무에서 환율을 다루다 보니 환율 변화에 따른 사회·경제적 영향을 온몸으로 체감하게 되었다. 만약 이 책을 읽는 독자가 기업이나 금융권에서 외환을 다루고 있거나, 해외여행을 좋아하거나, 외환투자에 관심이 있다면 공감하리라 믿는다.

환율 변동에 따른 영향은 해당 국가 경제의 대외의존도가 높을

수록 커진다. 우리나라는 대외의존도가 OECD 국가 중 최고 수준이며, 환율 변동성 또한 고변동군에 속하기 때문에 환율 변동에 따른 경제 파급효과는 상당히 크다고 할 수 있다.

환율이 상승할 때
나타나는 경제현상

'달러원 환율 1,200원 돌파! 연고점 갱신!' 이렇게 환율이 상승하면 어떤 일들이 벌어질까? 크게 가계, 기업, 국가(외환당국)로 나눠서 살펴보자. 먼저 가계를 살펴보면 생필품의 가격이 오른다. 그리고 식탁에 오르는 수입식료품을 비롯해 자가용 기름값과 냉난방비가 오를 것이다. 환율이 비싸니 해외여행 수요도 줄게 된다. 즉 수입물가 상승으로 가처분소득이 줄고 소비가 둔화된다.

반면 기업은 원재료, 부품값이 상승하지만 수출품의 가격경쟁력은 향상되어 수출이 증가하고 이익이 늘게 된다. 또한 상품(무역)수지와 서비스수지 개선으로 경상수지가 개선되는데, 경상수지 흑자는 중장기적으로 환율 하락 압력으로 작용한다. 한편 국내 수출기업의 실적 개선으로 외국인 자금이 우리나라 주식시장에 유입된다. 이 또한 환율 하락 요인으로 작용한다(달러 매도, 원화 매입, 국내 기업 주식 매입). 한편 기업의 이익 증가분은 임금 상승과 가계소득 증가로 일부 이어진다. 이는 수입물가 상승 영향을 상당 부분 상쇄한다. 우리나라처럼 수출주도형 산업구조를 가진 나라에서는 고환율 정책으로 단기 경제성장을 유도할 수 있다.

마지막으로 국가(외환당국)는 환율 상승 속도가 가파르면 외환보유고를 이용한 시장 개입(매도)을 통해 환율 변동성을 완화시킨다. 투기세력이 유입되어 환율이 균형가에서 크게 벗어났다고 판단되면 투기세력의 의지를 꺾기 위한 고강도 매도 개입을 하기도 한다. 이 경우에는 환율이 하락 반전할 수도 있다.

이처럼 환율 상승은 영원히 지속될 수 없으며 외화 유입(공급)으로 환율은 낮아진다. 의도적으로 조정하지 않아도 '보이지 않는 손'에 의해 환율은 평균으로 회귀하게 되는 것이다.

참고로 흔하지는 않지만 외환보유액을 상회하거나 이에 상응하는 단기 대외채무가 있을 경우, 환율 상승이 이어지면 채무평가액도 가파르게 증가해 국가신용도 하락 및 CDS 프리미엄(부도 위험을 사고파는 신용파생상품) 상승으로 이어져 외국인 투자자 이탈을 촉발할 수 있다. 또한 단기 대외채무 상환 압박에 따른 금융기관의 외화 유동성 부족, 신용경색으로 인해 과거 IMF 외환위기와 같은 비정상적인 환율 급등을 초래할 수 있다. 현재 우리나라는 단기 대외채무를 줄이고 이를 크게 상회할 만한 외환보유고를 확충해 안전판을 마련해놓은 상태다.

환율이 하락할 때
나타나는 경제현상

환율 하락에 대한 경제현상은 환율 상승 시 나타나는 현상과 대체로 반대다. 가계는 수입물가가 하락하게 되니 수입 생필품의 수요가 늘어나게 된다. 즉 환율 하락으로 가처분소득이 증가해 소비가 늘게 되는 것이다.

반면 기업은 수출품의 가격경쟁력이 떨어져 해외 매출이 감소하게 된다. 이는 수출주도형 산업구조를 가진 우리나라에는 치명적이다. 기업실적 부진과 함께 경제성장률 둔화로 이어질 수 있기 때문이다. 기업의 매출 감소는 외국인 투자자금 이탈을 촉발해 중단기적으로 환율 상승 압력으로 작용하고, 이때 환율 하락분을 상당 부분 되돌린다. 또한 기업실적 악화로 고용과 임금이 감소하고 가계의 가처분소득이 줄어 수입물가 하락에 따른 수요 증가 효과를 상당 부분 상쇄하게 된다.

한편 국가(외환당국)는 지나친 환율 쏠림과 경기 둔화를 방지하고, 원화 강세에 베팅한 투자자들의 의지를 꺾고자 외환시장에 개입해 환율을 끌어올리기도 한다. 이때 외환보유액은 증가하게 될 것이다.

이처럼 환율 상승과 마찬가지로 환율 하락 또한 영원히 지속될 수 없다. 기업 외화 유입 감소와 외인 투자자금 유출, 외인 투기세력 이탈(외화 공급 감소 및 수요 증가)로 환율은 다시 평균 수준으로 회귀하게 된다.

핵심 포인트

환율 상승 시 나타나는 경제현상

①가계: 수입 생필품·식료품·에너지의 가격 상승→가처분소득 감소→소비 둔화

②기업: 원자재·중간 수입 부품재의 가격 상승, 수출품 가격경쟁력 향상→수출 증가→상품(무역)수지 흑자→환율 하락 압력, 기업 이익 증가→재투자 및 기술경쟁력 향상, 가계임금 증가로 소비 둔화 효과 일부 상쇄→외국인 투자자금 유입→환율 하락 압력

③국가: 환율 쏠림과 투기세력 억제 위한 매도 개입→환율 하락 압력

환율 하락 시 나타나는 경제현상

①가계: 수입 생필품·식료품·에너지의 가격 하락→가처분소득 증가→소비 증가

②기업: 원자재, 중간 수입 부품재의 가격 하락, 수출품 가격경쟁력 악화→수출 감소→상품(무역)수지 적자(또는 흑자폭 감소)→환율 상승 압력, 기업 이익 감소→재투자 및 기술경쟁력 둔화, 가계임금 감소로 소비 증가 효과 일부 상쇄→외국인 투자자금 유출→환율 상승 압력

③국가: 환율 쏠림과 투기세력 억제 위한 매수 개입→환율 상승 압력

주식보다 쉬운 환율

외환시장은 주식에 비해 정보에 대한 접근성이 좋고 비대칭성이 적다. 하지만 관찰 범위가 방대해 안목이 필요하다.

필자는 환율이 주식보다 쉽다고 생각한다. 환율이 주식보다 예측하기 쉽다는 말이 아니다. 가격을 움직이는 정보의 비대칭성이 개별 주식보다 적기 때문에 좀 더 공정한 환경에서 거래할 수 있다는 뜻이다. 주식 개별 종목의 등락은 인과관계를 분석하기 어려울 때가 많지만, 환율은 오르내리는 원인과 이유를 유추하기 상대적으로 쉽다.

주식시장은 해당 회사의 비공개 정보를 제외하고 시장에 공개된 호재나 악재를 빠르게 반영한다. 하지만 단기적으로 그 회사의 주식이 추가로 오를지 아니면 내릴지는 시장에 공개되지 않은 비공개 정보나, 주도 세력의 움직임에 대한 정보, 또는 이미 형성된 시장의 기대심리에 의존할 수밖에 없다.

반면 환율은 해당국 자체의 펀더멘털이나 수급뿐만 아니라 글로벌 주요국들의 경제지표와 정책 등 수많은 요인들이 동시다발적으로 영향을 미치고 있어 관측 범위가 넓다. 하지만 상승과 하락 요인들에 대한 접근성과 습득 가능성은 주식에 비해 상대적으로 용이하다고 할 수 있다. 물론 환율을 주도하는 거대 투기세력들의 방향이나 베팅 규모를 추정하기가 쉽지 않고, 정보의 범위와 양이 주식에 비해 광범위해 재료의 옥석을 가릴 수 있는 안목과 다양한 조건에서의 시장 경험이 필요하다.

무한히 상승,
하락하지 않는 환율

앞서 '환율의 등락에 따라 나타나는 경제현상' 파트를 통해 한 국가의 통화는 무한히 상승, 또는 하락할 수 없다는 것을 살펴보았다. 그렇다. 국가가 망하지 않는다는 가정 하에 일반적으로 대외무역과 자본 유출입이 자유로운 개방경제의 환율은 무한히 오르거나 내릴 수 없다. 환율은 두 국가 통화의 상대적인 가치비율이기 때문

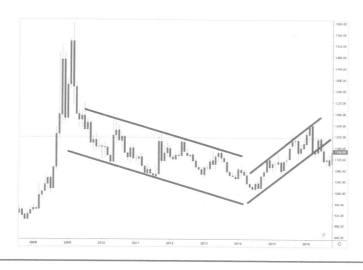

글로벌 금융위기 이후 달러원의 추세. 미국은 2014년까지 양적완화를 단행했고, 이후 통화 약세로 미국 경제가 부흥하자 2014년 양적완화 종료와 함께 금리 정상화(인상)를 했다.

에 그렇다. 단순하지만 이러한 특징은 투자자 관점에서는 매우 중요한 기회이지 않을 수 없다. 만약 환율이 일정한 범위 내에서 등락한다면 범위 하단에서 사고 상단에서 팔아 수익을 챙길 수 있을 것이다(자세한 이야기는 5장에서 다루겠다).

2008년 글로벌 금융위기 이후 미국은 2009년부터 2014년까지 양적완화(QE ; Quantitative Easing)를 단행했다. 이 기간 달러화는 장기 약세를 보였다. 통화 약세로 미국 경제가 부흥하자 2014년 양적완화 종료와 함께 금리 정상화(인상)를 했는데, 이때 달러의 장기 추세가 상승 방향으로 전환된 것을 볼 수 있다. 환율은 이렇게 장기 추세를 형성하고 그 속에서 단·중기 추세를 만들어간다.

　반면 주식과 같은 다른 금융자산의 경우 그 가치는 통화로 환산되는 절대적 가치라 볼 수 있다. 이론상으로는 무한히 상승 또는 0에 가깝게 하락할 수 있는 것이다. 주가에는 기업의 현재 가치와 미래 성장 기대감이 반영되어 있는데, 만약 기업이 독보적인 기술력으로 세계시장을 주도할 경우 주가는 계속해서 상승하게 될 것이다. 하지만 도태되어 시장에 외면을 받는다면 상장폐지되어 휴지 조각이 될 수 있다.

　사실 0부터 어디가 상한인지 모르는 주식과 평균을 중심으로 상승과 하락을 반복하는 환율, 어디에 투자할지는 선택의 문제다.

환율은
추세가 강한 상품

물론 주식도 우량기업의 산업과 제품의 순환주기가 긴 경우 분기, 반기, 연간 실적과 향후 성장성을 기반으로 장기적 추세를 만들어 나간다. 하지만 소형주나 테마주처럼 규모가 작거나 순환주기가 짧은 주식들은 추세를 이루는 가격의 규칙성이 적고 변동성이 커 환율에 비해 상대적으로 추세의 추종이 쉽지 않다.

　반면 환율은 글로벌 경제와 자국 경제의 상대적인 순환 과정과 맞물리며 보다 거시적인 추세를 형성한다. 추세는 글로벌 주요국들의 경제 상황과 기축통화국의 통화정책 등 장기플랜에 따라 길게는 4~7년씩 이어지기도 하는데, 장기 추세 속에서 정치·경제적 각종 재료가 반영되어 수개월의 짧은 추세가 만들어지기도 한다. 그렇기 때문에 환율은 이러한 장단기 추세를 이용해 보다 다양한 투자 전략을 세울 수 있다는 장점이 있다.

핵심 포인트

외환시장은 주식시장에 비해 정보의 비대칭성이 적다. 주식과 달리 일반적으로 환율을 무한히 상승, 또는 하락할 수 없다. 환율은 추세가 강한 상품이다. 장단기 추세의 순환을 통해 다양한 투자 전략을 세울 수 있다.

환율, 어디서 어떻게
확인해야 할까?

직접 HTS와 애플리케이션 등을 통해 실시간 현물환율을 보면서 외환시장의 흐름
을 경험해보자.

환율은 하루에 변동폭이 2원밖에 안 하는 날도 있고, 30원씩
등락하는 날도 있다. 그 변동폭이 얼마든 명확한 사실은 환율이 끊
임없이 움직인다는 것이다. 따라서 실시간으로 움직이는 환율을
보면서 거래를 할 수 있다면 보다 빠르게 환율 변동에 대처할 수
있을 것이다.

그렇다면 금융기관을 제외한 개인과 기업이 현물환율을 실시간
으로 정확히 볼 수 있는 방법은 없을까? 결론부터 이야기하자면 없
다. 2006년 2월 한국은행과 정부는 투기세력의 억제와 환율 쏠림

방지를 위해 은행·금융회사·선물회사 등 금융기관을 제외한 개인과 기업에 실시간 현물환율을 비공개로 전환했다. 실시간 환율 비공개는 글로벌 선진국가들은 이미 시행해 효과를 보고 있었던 제도로, 이로 인해 금융기관과 일반 법인 및 개인 간의 정보 비대칭성이 확대되는 부작용을 피할 수 없게 되었다.

은행이 주기적으로 매매기준율을 고시하지만 실제 실시간 환율과는 괴리가 있을 수밖에 없다. 일반 기업과 개인이 환율을 확인하기 위해서는 보통 은행이나 포털 웹사이트를 많이 이용하는데 실시간 현물환율과는 수 초~수 분간의 괴리가 있다. 금융 애플리케이션, 프로그램 등도 이보다는 적지만 약간의 시차가 존재한다. 즉 실제 은행 간 거래시장에서 등락하는 완전 '실시간 현물환율(real time spot rate)'을 확인할 수 있는 곳은 없다. 하지만 보다 가깝게 실시간 환율을 추적할 수 있는 방법은 있다. 외환 정보를 제공하는 여러 유료 단말기는 고시환율보다 빠른 환율을 제공한다. 최근에는 은행 간 시장에서 최우선 호가를 외환중개사에서 끌어와 실시간에 가깝게 제공하는 정보제공사(인포맥스, 로이터, 블룸버그 등)들도 있다.

외환시장의 중심이 되는 현물환율은 실시간으로 공개되지 않는 반면 한국거래소에서 거래되는 선물환율은 실시간으로 공개된다. 환율 변동에 대한 위험 회피 목적으로 개발된 통화선물은 개인과 법인, 외국인, 금융기관에 동일하게 선물환율을 실시간 제공한다.

선물환율을 이용한
실시간 현물환율의 추정

우리는 앞에서 선물환율은 현물환율에 양국의 금리차를 반영한 스왑포인트가 가산된다는 것을 살펴보았다(선물환율＝현물환율＋스왑포인트). 따라서 실시간 선물환율에서 시장 스왑포인트만 차감해주면 실시간 현물환율을 추정할 수 있다. 선물환율과 스왑포인트는 선물회사, 증권회사의 HTS에서 확인 가능하다. 예시로 가져온 삼성선물 HTS 화면을 보자. 1개월 만기 선물환율(1198.90원)에서 한 달간의 스왑포인트(-0.90)를 빼면 실시간 현물환율(1199.80원)을 추정할 수 있다.

175PA		▼ Q	미국달러 (2	L/C	일자형			USD FSP 19	L/C	일자형
1,198.90 ▲		2.70	0.22%	203,702		-0.90		0	-0%	4,035
건수	매도	15:45:01	매수	건수	건수	매도	15:45:01	매수	건수	
3	7	1,199.40	미결제	654,339			0.00	미결제	0	
4	42	1,199.30	증감	110			0.00	증감	0	
9	82	1,199.20	시가	1,198.0	1	25	-0.60	시가	-0.90	
6	67	1,199.10	고가	1,199.7	1	25	-0.70	고가	-0.90	
15	281	1,199.00	저가	1,195.7	2	2,000	-0.80	저가	-1.00	
상한가	1,250.00	1,198.90	48	1	상한가	34.80	-0.90	96	1	
하한가	1,142.40	1,198.70	510	4	하한가	-36.80	-1.00	3,000	1	
기준가	1,196.20	1,198.60	300	3	기준가	-0.90	-1.10	2,100	3	
Basis	-0.50	1,198.50	6	2	Basis	-1,199.90	-1.20	125	2	
괴리율	-0.12%	1,198.40	35	3	괴리율	0%	-1.30	25	1	
190	3,052		599	3,651	221	4	2,050		3,296	5,346	8
	-1,623	직전	-1,623				직전			
1,199.00	1,199.10	1,199.10	1,199.20	1,199.30	1,199.00	1,199.10	1,199.10	1,199.10	1,199.20	

삼성선물 HTS로 본 1개월 만기 선물환율과 스왑포인트

2장

환율을 움직이는
보이지 않는 손 ①

애덤 스미스의 '보이지 않는 손'은 외환시장에서도 작용한다. 다만 수요와 공급을 움직이는 다양한 요인들 외에 싸게 사고 비싸게 팔고 싶은 거래자의 심리가 적극적으로 반영되어 환율은 균형에서 벗어나 끊임없이 움직인다. 따라서 우리는 환율의 움직임과 방향을 예측하기 위해 기본적인 수요·공급 요인뿐만 아니라 거래자의 심리에 영향을 줄 수 있는 다양한 요인들을 파악하고 있어야 한다.

경제의 기초 체력, 펀더멘털

양국의 경제지표를 통해 펀더멘털을 가늠하고, 이를 통해 해당 환율의 중력을 추정할 수 있다.

한국은 펀더멘털 강국이다. 현재의 견조한 펀더멘털을 고려했을 때 외국인의 자금 이탈이 일어나지 않을 것으로 예상한다.

경제·금융 관련 기사에서 이와 비슷한 지문을 심심찮게 보았을 것이다. 환율에 관심이 있다면 한 번쯤 들어보았을 용어가 바로 '펀더멘털(fundamental)'이다. 사실 환율에 있어서 가장 중요한 단어 중 하나인데 정작 정확한 뜻을 모르고 쓰는 경우가 있다.

환율에 있어서 펀더멘털은 말 그대로 한 나라의 경제를 평가할 수 있는 기초 체력을 의미한다. 즉 그 나라 경제의 건강 상태를 뜻하는 말이다. 한 나라의 경제가 건강하다는 것은 그 나라 경제가 향후 지속적으로 성장함과 동시에 완만한 물가 상승이 동반됨을 의미한다. 또한 우리나라처럼 수출 중심의 대외 개방경제에서는 경상수지 흑자 여부, 그리고 금융위기와 같은 대외 충격에도 견딜 수 있는 중앙은행의 외환보유액 정도가 펀더멘털의 구성요소 중 하나라 할 수 있다.

수급과 더불어 한 나라의 펀더멘털은 그 나라 통화에 중력을 제시한다. 경제가 성장하는 과정에서 수입보다 수출이 많아 경상수지가 흑자가 되면 우리나라에 외화 유동성이 풍부해지고, 기업은 재투자를 통해 기술경쟁력을 확보하게 된다. 이때 주식, 채권과 같은 원화자산 매입을 위한 외국인의 투자자금이 유입되는데, 이 과정에서 달러를 팔아 원화를 매입하려는 수요가 증가해 환율은 하락 압력을 받게 된다. 펀더멘털 개선으로 인해 달러원 환율의 중력이 아래쪽으로 작용하는 순간이다. 하지만 반대로 펀더멘털이 악화되는 경우에는 경제성장 둔화와 함께 경상수지가 축소 또는 적자가 되어 외화 유동성이 악화되고, 외국인의 원화자산 이탈 압박으로 환율은 상승 압력을 받게 된다.

우리는 환율의 방향을 알기 위해 펀더멘털이 건강한 상태인지 지속적으로 모니터링할 필요가 있다. 즉 경제의 건강 상태를 가늠할 수 있는 각종 경제지표를 주기적으로 체크해야 한다는 뜻이다.

환율은 상대적인 것이다. 우리나라뿐만 아니라 미국·중국·일본·유로존 등 교역관계에 있는 주요국들과의 지표 비교를 통해 글로벌 경제 흐름 속에서 우리나라 경제 펀더멘털이 어느 정도 수준에 있는지 파악해야 한다. 다른 통화와 비교해 상대적으로 원화자산의 경쟁력과 매력도가 어느 정도인지 측정해야 한다.

펀더멘털을
가늠하는 방법

일반적으로 경제성장의 함수는 노동과 자본, 그리고 기술 발전이다. 견조한 경제성장이 이어진다면 기업은 지속적으로 자본과 노동을 투입해 재화를 생산한다. 이 과정에서 고용시장이 완전고용 수준이 아니라면 신규 고용은 늘고 실업률은 떨어지며, 가계의 총소득과 소비가 늘어난다. 소비의 증가로 기업의 생산은 다시 증가하게 되고 보유 재고도 늘어나는 한편, 글로벌 경쟁력 확보를 위해 기술 개발에도 투자한다. 경제 구성원들의 총수요 증가로 원자재를 비롯한 재화와 서비스의 가격, 즉 물가 또한 완만히 상승한다. 물론 부동산과 같은 실물 자산의 완만한 가격 상승은 향후 개인들의 소비심리에도 긍정적으로 영향을 끼친다.

중앙은행과 정부, 연구기관들은 이러한 일련의 과정이 제대로 순환되는지 각 부문의 지표를 주기적으로 측정하고 관찰한다. 글로벌 경제와 환율에 가장 큰 영향을 미치는 미국의 경우 고용은 '비농업 부문 신규 고용', '실업률'과 같은 지표로, 소비심리는 '소매판매지수', '소비자신뢰지수', 생산은 '산업생산지수'와 '제조업 구매관리자지수(PMI)', 마지막으로 물가는 '소비자물가지수', '생산자물가지수', '개인소비지출(PCE)' 등의 지표로 측정하고 관찰한다. 이들 지표는 보통 매월 발표되는데 우리는 지표에서 드러난 추세로 미국 경제 펀더멘털을 가늠할 수 있다. 또한 이 지표들은 미국의 재정·통화정책의 참고지표로 쓰이며, 해당국 통화의 현 레벨에 대한 평가로 이어져 궁극적으로 환율을 움직인다.

　만약 펀더멘털이 좋지 않은데 환율이 고평가되어 있다면 향후 약세를 보일 것이고, 반대로 펀더멘털은 좋은데 환율이 저평가되어 있다면 향후 강세를 보일 것으로 예측할 수 있다. 펀더멘털을 측정할 수 있는 다양한 경제지표는 뒷부분에서 다시 다루겠다.

펀더멘털과
환율과의 괴리

펀더멘털이 좋으면 무조건 해당 통화가 강세로 갈까? 그렇다면 환율 예측이 훨씬 수월해질 테지만 실상 환율은 펀더멘털을 반영하지 못하고 상당한 괴리를 보인다. 이러한 이유는 무엇일까? 바로 펀더멘털이 가진 상대적이면서 예측적인 특성 때문이다. 글로벌 투자자금은 항상 펀더멘털이 더 좋거나 또는 더 좋아질 것으로 예상되는 곳으로 이동한다.

만약 우리나라 펀더멘털이 악화되고 있는 반면 미국의 펀더멘털이 개선되거나, 여러 경제지표 및 기타 여건으로 봤을 때 미국의 펀더멘털이 우리나라보다 향후 더 개선될 것이라는 판단이 서면 투자자들은 원화자산을 팔고 달러자산을 매입할 것이다. 우리 펀더멘털이 비교적 양호함에도 불구하고 원화 약세, 즉 달러원 환율은 상승 압력을 받게 될 수 있는 것이다.

주변국의 펀더멘털이 원화에 영향을 미치기도 한다. 예를 들어 현재 우리 펀더멘털이 견조하더라도 우리와 교역 비중이 높은 중국의 경제성장이 둔화될 기미를 보이면 향후 교역 감소로 이어져 펀더멘털이 악화될 거란 우려가 커질 수 있다. 이 경우 실제로 우리나라의 현재 펀더멘털이 양호한 수준이더라도 원화는 약세 압력(달러원 상승 압력)을 받을 수 있다.

물론 이러한 펀더멘털적인 측면 외에도 금융당국의 정책적 요소, 정치·사회적 요소, 지정학적 리스크, 역외 투기세력 등 환율을 균형으로부터 분리시킬 수 있는 요인들은 많다. 그렇기 때문에 반드시 펀더멘털을 근간으로 환율의 방향을 판단하는 것은 다소 무리가 있다. 하지만 그럼에도 불구하고 중장기적으로 환율은 결국 그 나라의 펀더멘털을 반영해 균형환율로 수렴하기 때문에 우리는 우리나라와 주요국의 펀더멘털 동향을 함께 모니터링하면서 현재의 환율을 상대적으로 평가해야 한다.

핵심 포인트

펀더멘털은 한 나라 경제의 건강 상태를 말한다. 건강한 경제는 완만한 물가 상승과 함께 지속적인 경제성장을 이어간다. 펀더멘털은 수급과 함께 환율에 중력으로 작용한다. 견조한 펀더멘털을 가진 국가의 통화는 강세를 보인다. 펀더멘털은 경제성장률을 비롯해 소비·생산·투자·고용·물가 등 여러 부문의 경제지표로 평가할 수 있다. 펀더멘털과 환율은 괴리를 보이기도 하는데, 이는 펀더멘털의 시장 예측적인 성격 때문이다. 현재는 펀더멘털이 견조하지 못하지만 향후 개선될 것이라고 판단되면 해당 통화는 강세를 보인다.

수급의 주체를
파악하자

통화의 수요와 공급을 이루는 다양한 주체들은 국제수지표를 통해 확인할 수 있는데, 이를 통해 중요 항목의 변화를 추적해보자.

수급이란 말 그대로 국제 외환시장에서의 통화의 수요와 공급을 뜻하지만, 보통 실무에서는 수출입 법인의 대외무역에서 발생하는 수입 외화결제와 수출 외화 매출, 그리고 주식·채권 등의 외국인 투자 수요 등 실수요를 지칭한다. 사실 수급을 이루는 주체는 이러한 요소보다 광범위하며 세부적이다. 따라서 우리가 수급에 영향을 줄 수 있는 요인들을 보다 체계적으로 이해하기 위해서는 먼저 '국제수지'의 개념부터 파악해야 한다.

국제수지란 대외거래를 통해 발생하는 외환의 흐름을 '경상수지'와 '금융계정', 그리고 '자본수지'로 나누어 집계한 표를 말한다. 경상수지란 경상거래(상품과 서비스 등의 거래)로 발생하는 수지를 말하는데 이는 다시 상품(무역)수지·서비스수지·본원소득수지·이전소득수지로 나누어 구분할 수 있다. 한편 금융계정은 경상거래를 제외한 직접투자·증권투자·파생금융상품·기타투자·준비자산으로 나뉘며, 자본수지는 따로 구분 없이 국내외 재산의 반출입만을 뜻한다. 이들 국제수지의 각 항목은 매월 한국은행에서 보도자료를 통해 공개하고 있는데 각 항목의 증감 추세는 수급 동향을 파악할 수 있는 좋은 단서가 된다.

백문이 불여일견이다. 국제수지의 각 항목을 이루는 세부내용 및 해석방법, 환율에 미치는 영향력은 글로 설명하면 절대 이해할 수 없다. 국제수지를 이루는 세부 구성항목과 실제 우리나라의 국제수지표를 직접 확인해보자.

구성항목별
환율에 미치는 영향력

국제수지는 경상수지계정과 금융계정, 자본계정의 합으로 이루어지는 것이 아니다. 경상수지계정과 금융계정, 자본계정이 대칭을 이루는 개념이다. 회계적으로는 복식부기의 원칙(기업의 자산과 자본

국제수지를 이루는 세부 계정과 환율 영향력

구분	세부항목	내용	해석	달러원	영향력
경상 수지	상품 (무역)수지	수출-수입	+면 국내 달러 유입	하락 압력	상
	서비스 수지	여행, 운수, 보험, 특허권 등 각종 서비스	-면 달러 해외 유출	상승 압력	하
	본원소득 수지	해외투자에 따른 배당, 이자, 해외에서 받은 임금 등	+라고 해서 모두 유입되지는 않음. 일부 유입, 일부 재투자	하락 압력	하
	이전소득 수지	기부금, 무상원조	-면 달러 해외 유출	상승 압력	하
금융 계정	직접 투자	해외 기업 경영 참여 등의 목적 (해외 직접투자 - 국내투자)	+면 달러 해외 유출. 외환스왑으로 영향력 일부 제한	상승 압력	중하
	증권 투자	주식, 채권 등 증권에 투자 (해외 증권투자 - 증권투자)	+면 달러 해외 유출	상승 압력	중상
	파생 금융상품	파생거래수지	+면 달러 해외 유출	상승 압력	하
	기타 투자	외화 대출 또는 차입, 무역신용, 현금 및 예금 등	직접 환전은 제한적	영향력 제한	하
	준비 자산	외환보유액 증감	+면 달러 유입 (매수 개입)	상승 압력	상
자본 계정	자본 수지	국내외 재산 반출입	+면 달러 해외 유출	상승 압력	하

우리나라의 최근 국제수지표

연도	경상수지					금융계정					자본계정	
	상품(무역)수지	서비스수지	본원소득수지	이전소득수지	합계	직접투자	증권투자	파생금융상품	기타투자	준비자산	자본수지	합계
2011	291	-123	65	-47	186	199	-131	10	25	139	-1	242
2012	494	-52	121	-55	508	211	-67	-26	266	131	0	215
2013	828	-65	91	-42	812	156	93	-44	433	162	0	800
2014	889	-37	42	-50	844	188	306	-38	259	179	0	894
2015	1,203	-157	59	-46	1,059	226	486	25	240	120	-1	1,097
2016	789	-112	11	-36	652	85	374	0	132	47	1	638

자료: 한국은행

의 증감 및 변화 과정과 그 결과를 계정과목을 통해 대변과 차변으로 이중 기록·계산되도록 하는 부기 형식)이 적용된다고 보면 된다. 경상수지 흑자로 유입된 달러는 금융계정과 자본계정으로 유출된다. 즉 해외투자로 유출되거나 준비자산 확충, 대출, 예금 등의 항목으로 상쇄되는 것이다. 따라서 만약 경상수지계정, 금융계정, 자본계정이 같다면 국제수지는 0이 된다.

최근 2011~2016년 동안의 우리나라 국제수지표를 보면 경상수지계정에서 무역수지가 꾸준히 흑자를 기록하고 있다는 걸 알 수 있다. 경상계정에서 상당 부분을 차지해 수급에 주는 영향도 막대하다. 무역 흑자가 지속되면 수급적으로 달러원 환율에 하락 압력을 넣을 수 있다. 반면 서비스수지는 열악한 관광자원과 해외여행의 증가, 특허세 대외지불 등으로 꾸준히 적자임을 알 수 있다. 이 또한 무역수지에 비해서는 작지만 외화 수요 요인이다.

한편 본원소득수지를 보면 해외에서 유입된 배당금과 이자 소득으로 흑자를 기록한 반면, 무상원조와 기부금 등의 이전소득수지는 꾸준히 적자임을 알 수 있다. 전반적으로 경상수지계정을 보았을 때 본원소득수지와 이전소득수지가 상충되는 가운데 2013년도부터 상품(무역)수지가 크게 증가하면서 외화의 공급이 확대된 것을 볼 수 있다.

금융계정에서 해외 기업의 경영권 참여를 목적으로 하는 직접투자는 꾸준히 계속되고 있음을 알 수 있다. 직접투자를 위해 원화를 팔고 달러를 사서 해외에 투자하기 때문에 외화 수요 요인이다. 다만 직접투자를 위해 현물시장에서 외화를 매입하지 않고 외환 통화스왑이나 외환 차입의 형태로 외화자금 조달을 하는 경우도 많으므로 금액에 비해 수급 압력은 다소 적은 편이다. 또한 증권투자를 보면 2013년부터는 외국인의 원화 증권투자보다 내국인의 해외 증권투자가 더 많은 것을 알 수 있는데, 우리나라가 저성장·저금리 국면으로 접어들면서 고수익을 위한 해외투자가 증가했다고 추측해볼 수 있다. 이 역시 외화 수요 증가 요인이다.

다음 금융계정 구성 요인으로는 외화 대출·차입·예금·무역신

용 등을 나타내는 기타투자 항목이 있다. 해석하는 데 가장 주의
해야 할 계정이다. 기타투자는 유입된 외화를 원화로 환전하지 않
고 해외 대출로 재유출되거나, 환전되지 않고 외화 예금으로 예치
되면서 외화 공급 요인으로 작용하지 않는다. 또한 수출로 인해 무
역수지가 증가했더라도 아직 회수되지 않은 매출채권이 무역신용
으로 기타투자에 계상되기 때문에 이 부분 역시 경상수지계정에서
외화 공급 요인으로 작용하지 않는다. 마치 외화 대출과 비슷한 효
과라고 볼 수 있다.

한편 준비자산은 매년 증가하고 있는데 환율 하락 시마다 외환
당국이 스무딩과 매수 개입을 단행해 꾸준히 외환보유액을 늘린
것으로 추정된다. 마지막 자본수지는 금액이 극히 미미하다. 금융
계정에서 상대적으로 금액이 큰 기타투자가 외환 수급에 미치는
영향이 미미하다면 가장 주목해야 할 것은 해외 직접투자와 증권
투자의 동향이 될 것이다. 환율 등락 시마다 변동성 완화 명목으로
유입되는 당국의 개입 또한 외화 수요와 공급 요인이 될 수 있다.

결론적으로 앞서 언급했던 국제수지의 계정들을 세부 항목별로
보면, 외환시장 수급에 보다 직접적인 영향을 미칠 수 있는 계정은
경상수지에서의 상품(무역)수지와 금융계정에서의 증권투자, 직접
투자순이다. 시장에서 환율을 전망할 때 수급 요인으로 무역수지
와 외국인의 주식투자, 해외투자 동향을 그토록 언급하는 이유가
여기에 있다.

국제수지는 대외거래를 통해 발생하는 외환의 흐름을 경상계정과 금융계정, 자본계정으로 나누어 집계한 표다. 우리는 이를 분석해 한 나라의 외환 순환 흐름을 추정할 수 있다. 무역수지와 직접투자, 증권투자는 외환시장 수급에 직접적인 영향을 미친다.

무역수지와
환율의 연관성

가격이 오를 것이라는 기대가 있으면 물건을 내놓지 않고 기다리는 것이 인지상정이다. 외환시장도 예외는 아니다.

"무역수지는 한 달에 60억~80억 달러씩 흑자가 나는데 환율은 왜 안 내릴까요?" 필자가 현장에서 자주 듣는 질문 중 하나다. 언뜻 보면 무역수지로 인해 많은 외화가 국내로 들어왔으니 환율이 하락할 것 같다. 하지만 실제로는 그렇지 않다. 만약 이러한 질문에 대답해야 한다면 "무역수지와 환율은 단·중기적으로 큰 관계가 없다."라고 말하는 것이 적절하다.

국제수지에서도 무역수지(상품수지)는 수급에 상당 부분을 차지한다고 했는데 왜 환율은 내려가지 않을까? 누군가 "제가 2년 동안 미국에서 10만 달러를 벌어왔습니다. 그런데 한국에 와보니까 출국했을 때보다 100원이 더 낮은 1,030원이네요. 저는 지금 외화를 팔아야 할까요?"라고 묻는다면 어떻게 답해야 할까? 만일 필자에게 이렇게 묻는다면 "기다릴 수 있으면 기다리는 것이 좋을 것 같습니다. 100원에 10만 달러면 1천만 원인데 굳이 지금 팔아 이 돈을 날릴 수는 없지요. 1,030원이면 역사적으로 너무 낮은 레벨이에요. 기다리면 다시 오를 겁니다."라고 말했을 것이다. 당장 급전이 필요해도 참고 대출을 받는 한이 있더라도 다시 오를 때까지 외화예금에 넣어두는 게 좋다.

상품(무역)수지를 이루는 주체인 기업 또한 같다. 이번 달 무역수지가 사상 최대치라고 가정해보자. 수입보다 수출이 월등히 많으니 환율이 높아 가격경쟁력이 있는 상황일 것이다. 연평균 환율보다 레벨이 훨씬 높고 향후 더 오르지 않을 것 같다면 기업은 보유하고 있는 달러를 판다. 해당 달의 무역수지보다 더 많은 매물이 나올 수도 있다. 결국 무역수지가 즉각적으로 환율시장에 유입되어 환율은 레벨을 낮추게 된다.

하지만 무역수지가 사상 최대이고 환율도 높은데 미국 금리 인상이나 글로벌 경제 둔화와 같은 대외 요인으로 환율의 추가 상승이 예상될 때는 어떨까? 2009년 글로벌 금융위기 당시 환율은 무려 1,600원대로 치솟았다. 이 경우에는 환율이 높더라도 무역수지로 벌어들인 달러가 즉각적으로 환율시장에 유입되지 않는다. 즉 아무리 무역수지가 흑자더라도 현재 환율 레벨이 외화를 팔 정도로 매력적이지 않다면 외화 처분을 보류한다는 뜻이다. 기업은 향후 환율에 대한 기대에 따라 외화를 바로 팔기도 하고 나중에 팔기도 한다. 반대의 경우도 마찬가지다. 무역수지가 흑자이지만 환율이 저점 수준에 머물러 있다면 기업은 꼭 필요한 자금 수요를 제외하고는 즉시 달러를 팔지 않고 외화예금에 넣어둔다. 그리고 향후 기대 변화에 따라 팔 시기를 조율할 것이다.

하지만 대내외 이벤트나 재료가 부재하거나 금융시장의 변동성이 적고 환율도 연평균에 근접해 있다면, 즉 중립적인 시장이라면 무역수지 흑자는 환율에 하락 압력을 준다. 시장이 수급에 집중하는 때이므로 무역수지를 비롯해 외국인의 주식·채권 순매수나 해외투자 흐름 등이 환율에 영향을 줄 수 있다.

변동성을 키우는
시장심리

시장 전망에 따른 기업의 외환거래는 환율의 변동성을 키운다. 예기치 못하게 환율이 하락하게 되면 기업은 다시 환율이 반등하기를 기다린다. 그동안 기업에서 벌어들인 달러는 계속 쌓인다. 하지만 만약 환율이 연평균 환율이나 차트상 기술적 주요 지지선을 깨고 더 내려간다면 그때는 상황이 달라진다.

만일 주요 지지선을 깨고 환율이 더 떨어진다면 손해가 커지기 전에 기업은 보유하고 있던 달러를 판다. 그렇게 기업 매물이 유입되면서 환율은 더 하락하고 투기세력의 매도 베팅도 유입된다. 환율이 급락하는 순간이다. 투기세력이 가세해 환율의 쏠림이 발생하는 장세에서는 무역수지와 환율과의 상관관계가 더욱 약화된다.

거주자
외화예금

한국은행은 매월 중순에 전월 거주자 외화예금을 집계해 발표한다. 거주자란 내국인과 국내에 6개월 이상 거주한 외국인 및 국내 진출 외국기업을 의미한다. 우리는 이 발표 자료를 통해 통화별 개인과 기업의 외화예금 잔액을 확인하고, 시장 참가자들의 기대감을 유추할 수 있다.

만약 환율 상승 추세에서 기업의 거주자 외화예금이 증가했다는 것은 시장 참가자들이 환율이 더 오를 것으로 기대하고 매매를 보류한다는 뜻으로 해석할 수 있다. 기업은 수출로 벌어들인 외화의 환전을 유예하고 개인은 환투자를 위해 외화를 매입해 외화예금에 예치한다.

우리나라 상품(무역)수지와 환율과의 상관관계

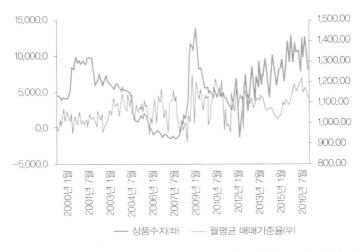

자료: 한국은행 경제통계시스템, 서울외국환중개

2000~2016년 월평균 환율과 상품(무역)수지의 기간별 상관계수를 계산하니 -0.13이 나왔다(상관계수가 -1이면 역의 상관관계, 1이면 양의 상관관계, 0에 가까울수록 상관관계가 없음을 의미한다). 이 기간 동안의 그래프를 눈으로 보아도 상관성이 크지 않은 것을 알 수 있다.

반면 환율이 하락 추세인데 거주자 외화예금이 증가하는 경우는 기업이 예상치 못한 환율 하락에 보유 외화를 미처 처분하지 못하고 다시 반등하기를 기다리는 것으로 해석할 수 있다. 이 경우에는 향후 환율이 다시 상승할 때마다 기업 매물이 유입되어 환율의 상승 압력이 둔화될 수 있다.

통화별 거주자 외화예금 잔액 추이

(억 달러)

| | 2012년 | 2013년 | 2014년 | 2015년 | 2016년 | | | B−A |
					7월(A)	8월(B)		
미국 달러화	296.8	359.0	360.0	472.5	557.4	569.2	〈84.5〉	11.8
엔화	19.5	26.0	23.7	33.7	37.2	37.5	〈5.6〉	0.3
유로화	34.0	19.5	21.2	21.4	32.7	30.9	〈4.6〉	−1.8
위안화	1.7	66.7	193.7	46.8	19.9	19.0	〈2.8〉	−0.9
기타 통화[1]	8.3	13.1	12.5	10.9	15.1	16.8	〈2.5〉	1.7
합계	360.3	484.3	611.1	585.3	662.3	673.4	〈100〉	11.1

주: 1) 영국 파운드화, 호주 달러화 등
2) 〈 〉안은 비중(%)
자료: 한국은행 보도자료

주체별 거주자 외화예금 잔액 추이

(억 달러)

| | 2012년 | 2013년 | 2014년 | 2015년 | 2016년 | | | B−A |
					7월(A)	8월(B)		
기업	320.4	430.0	552.1	509.8	567.6	569.9	〈84.6〉	2.3
개인	39.9	54.3	59.0	75.5	94.7	103.5	〈15.4〉	8.8
합계	360.3	484.3	611.1	585.3	662.3	673.4	〈100.0〉	11.1

주: 〈 〉안은 비중(%)
자료: 한국은행 보도자료

2012년부터 2016년 8월까지 거주자 외화예금은 지속적으로 확대되었다. 환율이 상승했을 때 기업과 개인으로부터 유입될 수 있는 매물이 그만큼 많다는 것을 의미한다. 2016년 8월 기준으로 거주자 외화예금의 85%는 기업이 차지하고 있다. 기업의 거주자 외화예금은 사상 최대치를 기록하고 있는데, 미국 금리 인상의 기대로 향후 환율이 상승할 것이라는 기대감이 반영되었다고 유추할 수 있다.

추세야 어떻든 거주자 외화예금이 증가한다는 의미는 향후 유입될 수 있는 매도 물량이 그만큼 커지고 있다는 것으로 생각하면 된다. 대외 상승 재료로 환전을 보류했지만, 향후 재료가 희석되고 고점을 찍었다고 판단되면 대기 매물이 급격히 유입되면서 환율의 하락 속도가 빨라질 수 있어 주의해야 한다. 또한 거주자 외화예금의 증가는 시장 참가자들로 하여금 상승 기대감을 제한할 수 있는 심리적 재료로 작용하기도 한다.

핵심 포인트

무역수지와 환율은 단·중기적으로 큰 연관성이 없다. 기업은 환율의 레벨과 향후 전망에 근거해 외화를 매매한다. 전망에 따른 외환거래는 시장 참가자들의 심리가 개입되기 때문에 환율 변동성을 키울 수 있다. 거주자 외화예금의 증가는 향후 유입될 수 있는 달러 매물이 그만큼 많다는 것을 의미한다.

해외투자와
환율의 관계

저성장·저금리 시대에 해외투자의 비중이 확대되고 있다. 해외투자가 환율에 미치는 영향력이 커지고 있음을 의미한다.

국제수지에서 경상계정만큼이나 규모가 크고 환율에 큰 영향을 미치는 것이 바로 금융계정이다. 금융계정을 통해 우리는 해외투자자(외국인)의 국내투자와 국내투자자의 해외투자에 대한 규모와 추이를 알 수 있다. 주식·채권 등과 같은 금융자산과 부동산과 같은 실물 자산, 기업 지분 등의 투자를 위해 외국인은 원화를 필요로 한다.

반대로 내국인은 외화를 필요로 하기 때문에 국내외 해외투자는 실제 외환시장의 환율에 상당한 영향력을 행사하고 있다. 그럼 만

외국인의 증권투자 동향

(십억 원, 결제 기준)

구분	2014년	2015년	2016년	7월	8월	9월	보유 잔고
주식	6,285	△3,459	11,102	4,111	1,851	1,625	470,754
채권	5,167	467	△6,369	588	△917	△663	95,234
합계	11,452	△2,992	4,733	4,699	934	962	565,988

주: 상장주식은 장내 거래 기준, 상장채권은 장내·장외 거래 기준
자료: 금융감독원 보도자료

약 내국인의 해외투자와 외국인의 국내투자를 실시간으로 모니터
링한다면 환율시장의 수급 영향을 유추할 수 있지 않을까?

실시간 추적이 어려운
해외투자자금

문제는 모든 자금의 유출입을 추적하기도 어렵고, 만약 집계해 공
개하더라도 투기자본의 유입 증가로 자산가격과 환율의 변동성
이 더 커질 수 있다는 것이다. 따라서 현재 외국인의 주식, 장내 채
권과 같은 증권투자에 있어서는 투자 동향을 실시간으로 공개하
고 있지만 국내 직접투자, 장외 증권투자, 내국인의 해외 직접투자

와 관련 증권투자 정보는 실시간으로 확인하기가 어렵다. 또한 내외국인의 해외 직접투자와 증권투자를 위한 자금이 현재 보유 중인 외화자금인지, 대외 차입인지, 아니면 환율시장에서 바로 매입해 조달하는 것인지 정확하게 확인할 수 없는 점도 환율의 영향을 추적하는 데 장애 요인으로 작용한다. 이러한 자금 흐름은 현재 매월 한국은행이 공개하는 국제수지표나 자금 흐름에 대한 금융감독원의 보도자료 등을 통해서 후행적으로 확인할 수 있다.

후행하는 투자 정보, 그럼에도 중요하다

우리는 외국인의 원화자산투자와 내국인의 해외투자 규모를 후행적으로라도 추적해야 한다. 왜냐하면 해당 정보가 좀 늦고 일부만 실시간으로 추적 가능하더라도 아예 손 놓고 있는 것보단 낫기 때문이다. 어둠 속에서 코끼리를 더듬어 무슨 동물인지 맞추는 것보다 늦게나마 발가락이라도 볼 수 있다면 정체를 좀 더 빨리 알 수 있는 것과 같다.

실제 실무에서도 외국인의 상장주식과 채권 매매 동향을 단·중기 환율 방향 예측의 중요한 단서로 이용하고 있다. 외국인의 해당 매매금액이 모두 외환시장에 환전되지 않고 일부만 유입되더라도

이는 충분히 환율 변동 신호로 작용할 수 있다. 외국인의 원화자산에 대한 인식 변화를 조금이나마 알 수 있기 때문이다. 또한 외국인의 원화자산 매매는 짧게는 며칠에서 길게는 몇 달씩 그 추세를 형성하는데, 만약 외국인의 순매수가 이어진다면 보유 원화를 소진하고도 원화를 매입해 외환시장에 원화 강세(환율 하락) 수급으로 작용할 수 있기 때문이다. 시장 참가자들이 이들의 동향을 면밀히 모니터링하고 있는 연유다.

이렇듯 외국인의 매매 동향은 다른 시장 참가자들에게도 영향을 끼쳐 수입기업의 결제대금 선매입이나 수출기업의 보유 달러 매각과 같은 또 다른 수급을 자극하기도 한다. 그래서 다소 후행하더라도 매월 집계되는 내국인의 해외투자 동향과 추세는 외국인의 동향을 파악하는 데 아주 중요한 자료다.

변동성을 키우는
투기세력들

흔히 금융시장에서는 "한국은 국제 금융시장의 ATM이다."라는 불편한 진실이 담긴 우스갯소리가 나온다. 대내외 충격 시 외국인들의 자금 이탈이 마치 ATM에서 돈을 인출하는 것처럼 쉽다는 데서 비유한 말이다. 반대로 입금도 쉽다. 대내외 불안감이 약화되면서 우

외국인 코스피 누적 순매수와 달러원 환율

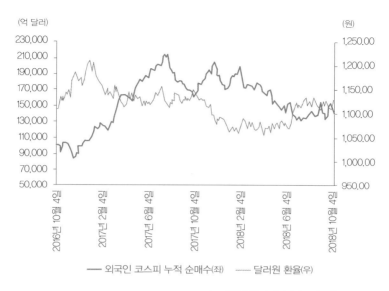

자료: 한국은행 경제통계시스템, 서울외국환중개

리나라의 긍정적 펀더멘털이 부각되면 마치 밀물처럼 외국인 투자
자금이 몰려온다. 국내 경제의 대외 의존도가 높아 외환거래가 잦은
이유도 있지만, 금융시장의 개방도가 높고 규제가 낮아 주식·채권
·외환시장에서 외국인의 투자자금 유출입이 타 국가에 비해 용이
하기 때문이기도 하다.

　그래프를 보면 외국인 주식 순매수와 달러원 환율은 역의 상관
관계임을 알 수 있다. 2016년 10월부터 2018년 10월까지 2년간
두 지수의 상관관계는 -0.50을 기록했다. 금융시장의 개방은 기

업의 용이한 자본 조달과 금융산업 확대, 원화의 국제적 사용과 나아가 국가 위상의 제고 등의 이점이 있지만 자칫 투기시장의 장이 될 수 있다는 부작용도 있다. 2018년 8월 기준으로 우리나라 주식시장에서의 외국인 투자자 비중은 약 32% 수준이며, 채권시장의 비중은 약 6.6% 수준이다. 보유 잔고 기준으로는 주식이 599조 원(약 5,450억 달러), 채권이 114조 원(약 1,040억 달러)에 육박한다.

하루 평균 외환 현물거래시장의 거래량이 100억 달러 내외라고 했을 때 외국인 투자자가 보유한 지분 중 20억 달러만 처분해 자국으로 역송금해도 우리나라 외환시장에 미치는 파급력은 실로 엄청날 것이다. 외국인 자산이 이탈한다는 소식에 역외NDF시장의 투기세력들이 가세하면서 외환시장의 쏠림 현상이 발생할 수 있기 때문이다. 이 경우 환율이 폭등하게 된다.

환헤지의 영향력 ①: 내국인의 해외투자

최근 우리나라가 경제성장률 둔화와 함께 사상 유래 없는 저금리 시대에 접어들면서 금융계정 내의 해외투자 비중이 크게 증가했다. 즉 저금리 시대에 국내에 투자할 곳이 없으니 자금이 해외로 나가게 되는 것이다. 대표적으로 국민연금과 보험사, 운용사들의

우리나라 콜금리와 해외 직접투자 · 증권투자 동향

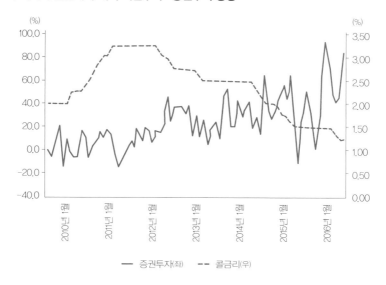

자료: 한국은행 경제통계시스템

각종 해외투자 펀드를 예로 들 수 있다. 해외투자를 위해 보유 또는 차입한 원화가 외화로 환전되어 해외로 투자되는 과정에서 환율은 원화 매도와 달러·유로화 매수로 상승 압력을 받게 된다. 만약 현재 환율이 평균 대비 충분히 높은 수준이거나 향후 자금 회수 시점에 환율 하락이 예상된다면 해외투자와 동시에 환차손 방어를 위한 외화 매도헤지를 할 것이다. 이 경우 매도헤지에 따른 환율 하락 압력으로 초기 상승 압력이 희석될 수 있다.

하지만 환율이 평균보다 낮거나 향후 자금 회수 시점에 환율이 올라갈 것이라고 전망하면 상당 부분 환차익을 염두에 두고 환헤지를 하지 않을 것이다. 이 경우에는 투자를 실행하는 초기 단계의 환율 상승 압력 이후 투자가 종료되어 본국으로 회수(환전)되기 전까지 환율 하락 요인이 없다. 이처럼 해외투자와 환헤지의 실행 여부는 환율에 상당한 영향을 줄 수 있으므로 내국인의 해외투자 동향과 함께 환헤지 여부도 모니터링해야 한다.

2010년 1월~2016년 1월 우리나라 콜금리와 해외 직접투자·증권투자 동향 그래프를 보면 2012년 이후 시중금리가 하락하면서 해외 증권투자 규모가 눈에 띄게 확대된 것을 확인할 수 있다.

해외투자 환헤지 여부가 환율에 미치는 영향을 정리하면 다음과 같다.

①해외투자와 동시에 환헤지를 하는 경우

보통 스왑시장을 통해 매입과 매도를 동시에 실행(buy&sell swap)하기 때문에 환율에 미치는 영향은 제한적이다. 만약 현물 환시장에서 달러를 사고 바로 매도헤지를 한다고 해도 '해외투자를 위해 원화 매도, 달러화 매수(달러원 상승 압력)→미국 주식 매입(향후 달러원 하락 예상)→달러원 매도헤지(달러원 하락 압력)'의 과정을 거쳐 상승 하락 압력이 상쇄된다. 따라서 투자와 동시에 환헤지가 이루어지는 경우, 해외투자가 환율에 미치는 영향은 제한적이다.

②투자 초기에는 환노출, 이후에는 환헤지를 하는 경우

투자 초기에 환노출을 하고 이후에 환헤지를 하면 어떻게 될까? '원화 매도, 달러화 매수(달러원 상승 압력)→미국 주식 매입(향후 달러원 현 레벨 유지 또는 상승 예상)→환노출→향후 시장 변화로 환율 하락이 전망→달러원 매도헤지(환율 하락 압력)'의 과정을 거치면 투자와 환헤지가 이루어지는 시점이 다르기 때문에 환율은 상승 후 하락한다.

③투자 만기까지 환노출하는 경우

투자 만기까지 환노출을 하면 어떻게 될까? '원화 매도, 달러화 매수(달러원 상승 압력)→미국 주식 매입(향후 달러원 현 레벨 유지 또는 상승 예상)→환노출→투자 만기 시 자금 회수→달러화 매도, 원화 매수(환율 하락 압력)' 이 경우 투자 실행 시점에는 환율 상승 압력이 나타나고, 만기 시에는 환율 하락 압력이 나타난다.

환헤지의 영향력 ②:
외국인의 국내투자

반대로 우리나라로 유입되는 외국인 투자를 살펴보자. 국가 펀더멘털 향상에 따른 글로벌 펀드의 포트폴리오 다변화 측면에서 원화자산을 매입하는 경우도 있고, 우리나라 기업들의 실적 개선 전망에 주식을 매입하거나, 향후 통화정책 변화(금리 인하) 기대감 등에 의해 채권을 매입하는 경우도 있다. 이 과정에서 외국인들은 매입자금(원화) 확보를 위해 달러·유로화 등을 팔고 원화를 사게 되는데, 이때 환율은 하락 압력을 받는다.

한편 외국인들은 원화자산 매입 후 향후 환율 상승에 대비해 달러 매수 환헤지를 할 수도 있는데, 이 경우 초기 외국인 투자자금 유입에 따른 환율 하락 압력이 상쇄되기도 한다. 하지만 현재 환율이 최근 평균보다 충분히 높은 수준이거나 향후 환율 하락이 예상된다면 유입자금의 상당 부분은 환차익을 염두에 두고 환헤지를 하지 않고 유입될 것이다.

원화자산투자 환헤지 여부가 환율에 미치는 영향 정리하면 다음과 같다.

①원화자산투자와 동시에 환헤지를 하는 경우

보통 스왑시장을 통해 매입과 매도를 동시에 실행(sell&buy swap)하기 때문에 외국인의 원화자산투자가 환율에 미치는 영향은 제한적이다. 만약 현물환시장에서 달러를 팔고 바로 매수헤지를 한다고 해도 '달러화 매도와 원화 매수(달러원 하락 압력)→우리나라 주식 매입(향후 달러원 상승 예상)→달러원 매수헤지(환율 상승 압력)'의 과정을 거쳐 상승 하락 압력이 상쇄된다. 즉 투자와 동시에 환헤지가 이루어지는 경우, 외국인의 원화자산투자가 환율에 미치는 영향은 제한적이다.

②투자 초기에는 환노출, 이후에는 환헤지를 하는 경우

투자 초기에 환노출을 하고 이후에 환헤지를 하면 어떻게 될까? '달러화 매도, 원화 매수(달러원 하락 압력)→우리나라 주식 매입(향후 달러원 현 레벨 유지 또는 하락 예상)→환노출→향후 시장 변화로 환율 상승이 전망될 때→달러원 매수헤지(환율 상승 압력)'의 과정을 거치면 투자와 환헤지가 이루어지는 시점이 다르기 때문에 환율은 하락 후 상승한다.

③투자 만기까지 환노출

투자 만기까지 환노출을 하면 어떻게 될까? '달러화 매도, 원화 매수(달러원 하락 압력)→우리나라 주식 매입(향후 달러원 현 레벨 유지 또는 하락 예상)→환노출→투자 만기 시 자금 회수→원화 매도, 달러화 매수(환율 상승 압력)' 이 경우 투자 실행 시점에는 환율 하락 압력이 나타나고, 만기 시에는 환율 상승 압력이 나타난다.

글로벌 펀드 달러 매수 재개설… 환율시장 긴장감 팽팽

서울 외환시장에서 달러-원 환율이 5년 7개월여 만에 1,220원선을 넘어섰다. 역외 중심의 달러 매수 공세에 긴장감은 더욱 높아졌다.

외환시장 참가자들은 18일 대형 글로벌 펀드의 달러 매수 재개 가능성이 거론되는 등 '리얼머니(환헤지성 달러 매수)' 중심의 달러 매수에 대한 경계심이 지속하는 중이라고 진단했다. 딜러들은 역외 매수 배경에 또 하나의 대형 펀드인 핌코가 자리 잡고 있는 것으로 추정했다. 핌코는 올해 초에도 20억~30억 달러가량 대규모 달러 매수를 집중하며 달러화를 끌어올린 전력이 있다.

2016년 2월 18일 〈연합뉴스〉에서 보도된 외국인 환헤지 물량 유입에 따른 환율 상승 관련 기사다. 리얼머니란 투기성이 아닌 환헤지를 위한 실수요 물량을 의미한다. 2016년 2월 환율이 1,200원을 넘어 급상승하자 환차손을 우려한 핌코 등의 채권펀드가 뒤늦게 매수 환헤지를 단행하면서 환율이 더욱 크게 상승했다.

외국인 투자자의
원화자산 처분과 환율 영향

만약 외국인 투자자들이 원화자산을 처분한다고 하더라도 원화를 팔고 달러를 사서 나가는 자금 이탈이 즉각적으로 일어나는 것은 아니다. 우리나라의 펀더멘털과 기업실적이 견조한 상황에서 예기치 못한 대내외 충격이 가해졌을 때는 일시적으로 자산을 처분하기도 하고, 주가지수가 기술적으로 저항선에 도달했을 때 일부 차익 실현을 하기도 한다. 원화가 이미 큰 폭으로 약세 진행되어 환차손이 확대된 경우에도 원화자산을 환전해 본국으로 송금하지 않고 원화예금으로 보유했다가 재투자 기회를 노리기도 한다.

따라서 외국인의 주식·채권 매도세가 몇백억 원, 몇천억 원씩 진행되더라도 해당 금액이 모두 환율시장에 유입된다고 보기에는 무리가 있다. 다만 주식·채권에 대한 외국인의 매수·매도세가 적어도 5거래일 이상 지속적으로 유입될 때는 환율시장 유입 영향을 고려하지 않을 수 없다. 거래 물량 중 환율시장으로 얼마나 유입되는지 정확히 추정하기 어렵기 때문에 대내외적 상황과 시장 분위기 등을 고려해 경험적 판단에 의지할 수밖에 없다. 외국인의 원화자산(주식·채권) 매입·매도 규모는 금융감독원이나 증권사 홈페이지 등 여러 금융 정보 웹사이트에서 쉽게 찾을 수 있다.

외국인의 투자 행태, 캐리 트레이드

외국인 투자는 금리와 향후 성장 전망 등에 기인해 움직이는데, 일반적으로 금리가 높다면 싼 가격으로 해당국의 채권을 매입할 수 있어 고금리 국가로 자금이 유입된다(채권은 만기에 원금을 상환하는 구조이기 때문에 금리가 높을수록 많이 할인되어 유통된다). 대체적으로 성장 가능성이 높은 개발도상국(신흥국)은 국가 산업이나 기업의 인프라 등에 대한 투자 수익률이 높기 때문에 채권 금리 또한 높다. 그리고 기업의 성장 가능성이 크기 때문에 외국인의 주식투자자금 유입도 증가하게 된다. 다만 성장 가능성이 크더라도 국가신용도가 지나치게 낮으면 외국인 투자자금 유입이 제한적일 수 있다.

보통 외국인 투자는 보유하고 있는 자기자본으로 이루어지기도 하지만 상대적으로 낮은 저금리 국가의 통화를 차입해 고금리 국가에 투자하는 경우가 많다. 신용도가 높은 대규모 투자은행들은 일본과 유럽, 미국 등지에서 제로금리에 가까운 초저금리로 자금을 차입해 고금리 통화국인 아시아 신흥국(대한민국 포함)에 투자해 왔다. 이 경우 차입한 국가의 통화를 매도하고 신흥국의 통화를 매입하는데, 이 과정에서 신흥국 통화는 완만한 상승(강세)을, 차입국 통화는 하락(약세) 압력을 받게 된다. 만약 이러한 행태가 지속된다면 투자 만료일에 투자자는 투자 수익률과 함께 평가절상(강세)된 투자국 통화를 팔고 평가절하(약세)된 차입국 통화를 매입해 환차익까지 얻을 수 있다.

따라서 이러한 캐리 트레이드는 실무에서 매우 일반적인 투자 수단이다. 대표적인 캐리통화로는 엔화·유로화가 있다. 이 두 통화의 경우 모두 해당국의 고도성장 후 성장세가 정체되어 있고 제로금리에 가까운 초저금리로 자금을 조달할 수 있기 때문이다.

핵심 포인트

외국인의 국내 원화자산투자는 달러원 환율에 하락 압력을 넣고, 내국인 투자자의 해외자산투자는 상승 압력을 넣는다. 외국인의 국내 원화자산(주식·채권)에 대한 투자는 실시간 추적이 가능한 반면, 내국인의 해외투자는 실시간 추적이 어렵다. 내외국인의 투자 동향은 한국은행이나 금융감독원이 집계해 공개한다. 정보가 다소 후행하지만 국내외 투자자금의 흐름과 환율의 영향력을 유추하는 데 꼭 필요한 정보다. 내외국인 투자와 환헤지 실행 시점에 따라 환율에 미치는 영향력이 달라질 수 있다. 특히 외국인 투자자의 '리얼머니'는 환율 급등의 원인이 되기도 한다.

환율에 큰 영향을 미치는 글로벌 펀드

이따금 밀물처럼 들어와 썰물처럼 빠지는 대형 글로벌 펀드는 무방비 상태인 시장 참가자들에게 큰 충격을 주고는 한다.

자주는 아니지만 가끔씩 국내 외환시장에 등장해 시장을 뒤흔드는 세력이 있다. 바로 세계 최대 채권 운용기관인 '핌코'를 비롯해 미국 최대 뮤추얼펀드 운용사 '뱅가드', '템플턴' 등의 초대형 자산운용사들이다. 이들 펀드, 그리고 크고 작은 헤지펀드들까지 미국과 유럽을 중심으로 한 거대한 자금의 흐름이 이따금씩 변동됨에 따라 우리나라 외환시장은 적지 않은 충격을 받고는 한다.

뮤추얼펀드는 일반 투자자들에게 공개적으로 투자자금을 모집한 후 운용사를 통해 주식·채권 등의 유가증권 중심으로 파생상품

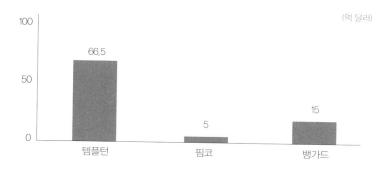

템플턴, 핌코, 뱅가드의 이머징시장(우리나라) 채권투자 규모

(억 달러)

자료: 각 운용사 홈페이지

등에 투자하고, 해당 지분만큼 수익을 배당하는 펀드를 말한다. 포트폴리오 운용 스타일이나 전략 등이 변경되면 투자자들에게 공시해 자금 흐름의 추적이 가능하다. 반면 헤지펀드는 소수의 기관투자자나 고액 자산가 등으로부터 비공개적으로 자금을 유치하며, 운용 스타일이나 투자 대상에 대한 제약이 없어 비교적 자유로운 것이 특징이다. 또한 대부분 비공개적으로 운용하기 때문에 자금 추적이 어렵다.

대형 뮤추얼펀드의 경우 전통적으로 주식·채권에 투자를 해왔는데 국가부도 등급과 수익률이 상대적으로 낮은 미국·유럽·일본 등의 선진국(low risk low return)과 국가부도 리스크와 성장률이 상대적으로 높은 대한민국·중국·베트남·인도 등의 신흥국(high risk high return)을 혼합해 포트폴리오를 구축하고 있다. 펀드는 선진국과 신흥국의 성장 속도에 따라 투자 비율을 조정하는데, 신흥국 내에서도 또 다시 국가별로 포트폴리오를 구축한다. 즉 글로벌 선진국과 신흥국의 성장 속도에 따라 비율이 1차적으로 나뉘고 신흥국 중에서도 다시 비율을 배분해 최적의 포트폴리오를 구축하는 것이다.

글로벌 펀드의
자금 유출 사례

펀드는 경제 동향 변화에 따라 포트폴리오 투자 비율을 수정하거나 운용 기준을 바꾸기도 하고, 수익 목표 달성이나 손실 한도 소진 등으로 환매도를 하기도 한다. 이때 주식·채권 등의 시장과 함께 외환시장에 적지 않은 영향을 끼치게 된다.

　글로벌 펀드자금의 흐름 변화는 각 운용사가 직접 주기적으로 공시하거나 또는 수시로 공시하는데, EPFR(Emerging Portfolio FundResearch, 이머징 포트폴리오 펀드 리서치) 등의 글로벌 펀드자금 트래킹 전문회사(유료 서비스) 등을 통해 접할 수 있다. 금융사들은 펀드의 흐름 변동으로 인한 이슈 발생 시 추정 리포트를 발간한다.

① 2016년 2월 템플턴 채권자금 유출 사태

2016년 2월 초, 프랭클린템플턴 자산운용이 2거래일간 보유 중이던 20조 원 규모의 원화 채권펀드 중 2조 원(약 18억 달러)이 넘는 채권을 팔고, 이 중 15억 달러 이상을 환전했다는 소식이 전해졌다. 템플턴은 우리나라의 금리 인하 전망으로 인한 채권 가격 상승에 수익을 냈지만 환율 상승으로 인해 환차손을 본 것으로 추정된다. 템플턴의 환매로 여타 채권펀드자금이 유출될 것이란 우려가 부각되었고, 이 여파로 2월 한 달간 외국인 원화채권 매도금액은 약 9조~10조 원(약 90억 달러)에 달했다. 이에 당시 1,190원대였던 환율은 1,240원대로 약 50원 상승했다. 당시 미국 금리 인상 이슈가 대한민국 환율 상승 환경을 조성했고, 채권과 주식시장의 외국인 자금 이탈이 이어지면서 강한 상승 동력으로 작용한 것이다. 참고로 2016년 2월 29일 당시 〈머니투데이〉에 보도된 기사를 보자.

외환당국 환율 방어선, 1,240원 뚫렸다

달러원 환율이 장중 가파른 상승세를 나타내며 외환당국의 1차 저지선이었던 달러당 1,240원대를 훌쩍 넘어섰다. (…) 원화 약세에는 외국인 투자자금 유출도 한몫했다. 한국은행에 따르면 지난해 6월 이후 국내 증권시장에서 약 23조 원가량의 투자자금이 빠져나갔다. 주식시장에서 약 13조~14조 원, 채권시장에서 약 9조~10조 원가량의 자금이 이탈했다. 시장 안팎에선 올해 채권시장 자금 유출은

거대한 자금의 흐름이 이따금씩 변동됨에 따라 우리나라 외환시장은 적지 않은 충격을 받곤
한다.

해외 자산운용사인 프랭클린템플턴 인베스트먼트가 원화 표시 채
권을 대거 팔았기 때문으로 분석한다. 템플턴은 이달에만 약 3조 원
가량의 원화채권을 처분했으며, 원화채권 잔액은 2013년 약 26조
원에서 최근 약 17조 원까지 줄어든 것으로 알려졌다.

②2013년 상반기 뱅가드 펀드자금 이탈

2012년 10월 뱅가드 자산운용이 6개 글로벌 펀드(ETF)의 벤치
마크를 MSCI계열(모건스탠리 제공)에서 FTSE(파이낸셜타임스 제공)로
변경한다고 공시했다. 한국은 MSCI계열에서는 이머징마켓에 속
하지만 FTSE계열에서는 선진국으로 분류된다. 뱅가드 측은 FTSE

이머징지수 밴치마킹을 위해 보유하고 있던 우리나라 주식을 향후 25주(약 6개월) 동안 매주 4%씩 줄여나갈 것이라고 발표했다. 당시에 뱅가드는 우리나라 주식을 약 7조 원 보유한 것으로 알려졌는데 2013년 1월부터 매주 500억 원 이상의 뱅가드 매도 물량이 주식시장에 유입되었다. 같은 기간 동안 달러원 환율은 2013년 1월 초 1,060원 부근에서 2013년 6월 말 1,150원으로 약 90원 상승했다. 뱅가드 펀드자금의 일평균 외환시장 거래 규모(약 80억~100억 달러)에 비하면 미미한 수준이라 환율 상승의 주된 수급 요인으로 작용하지는 않았지만, 시장심리에 압박을 가하며 환율 상승 재료로 작용했다.

핵심 포인트

글로벌 경제 흐름과 운용사 운용 기준 등에 따라 펀드의 자금 흐름이 바뀔 수 있다. 핌코, 뱅가드, 템플턴 등 글로벌 대형 펀드들의 급격한 투자자금 유출은 외환시장에 적지 않은 충격을 준다.

환율을 움직이는 경제지표

환율의 움직임을 유추하기 위해서는 각 부문을 대표하는 경제지표의 종류와 특징을 반드시 알아야 한다.

병원에 건강검진을 하러 가면 제일 먼저 하는 것이 있다. 키와 몸무게를 통해 비만 여부를 파악하고 뇌·심장질환의 원인이 되는 혈압검사를 하는 것이다. 또한 혈액검사를 통해 간 수치와 당뇨 여부, 혈관질환의 원인이 될 수 있는 콜레스테롤 수치를 측정한다. 그리고 소변검사를 통해 노폐물을 걸러주는 신장기능을 검사한다. 이러한 기초검사 후에 비로소 심장·위·장 등으로 중요 장기에 이상은 없는지 좀 더 정밀하게 살펴본다.

한 국가의 경제 또한 마찬가지다. 한국은행과 정부는 국가 경제의 건강 상태, 즉 펀더멘털을 확인하기 위해 각 경제 부문의 세부 사항을 매월, 매 분기마다 측정한다. 기초검사와 같이 다양한 경제지표를 통해 경기침체나 버블과 같은 중대 질병의 예후를 찾아내고, 질병이 발생하면 중앙은행의 통화정책이나 정부의 재정정책, 규제와 시장 개입 등의 처방으로 이를 치료한다.

여기서 환율은 양국의 경제 상태에 따라 우리가 느끼는 체온으로도 작용한다. 우리나라의 경제 상황이 상대국에 비해 견조하지 않으면 원화는 약세를 보이며 환율은 올라갈 것이다. 반면 우리나라의 경제 상황이 상대국에 비해 견조하다면 원화는 강세를 보일 것이고 환율은 내려갈 것이다. 따라서 우리는 양국의 경제 상황을 가늠할 수 있는 경제지표를 항상 모니터링하고 분석해야 한다. 양국의 경제 상황을 정확히 파악하고 해석하면 환율의 방향을 예측할 수 있기 때문이다.

환율은 예상치와
기준치에 반응한다

매일 쏟아지는 수많은 경제지표들과 세계 경제에서 큰 비중을 차지하는 여러 나라들의 상황이 환율과 밀접한 관계를 가지고 있는 것은 알겠는데, 대체 어느 나라의 어떤 경제지표를 주의 깊게 봐야 하는 걸까? 또 지표를 볼 때 수치가 어느 정도 나와야 좋고 나쁜 것일까? 아울러 지표가 좋게 나왔는데 환율이 올라가거나 내려가는 이유는 무엇 때문일까? 이러한 고민은 필자뿐만 아니라 환율에 관심을 갖고 여러 뉴스를 찾아본 경험이 있다면 누구나 한 번쯤 해보았을 것이다.

지표가 환율에 미치는 영향을 가늠할 때 가장 중요한 것은 '기준치'와 '예상치'다. 기준치라 함은 해당 지표의 확장 또는 위축 여부를 알 수 있는 기준이 되는 수치로 보통 '50', '100' 등의 절대기준치로 정해져 있다. 한편 예상치는 주요 경제·금융기관들이 발표 예정인 경제지표를 추정한 수치로 시장의 기대치를 의미한다. 이 두 수치를 가지고 시장 참가자들은 외화를 사고판다.

만약 결과가 기준치에 미치지 못해 해당 부문이 위축 국면이고 시장의 기대치(예상치)에 미치지 못할 경우에는 해당국 통화의 약세 압력이 커질 것이다. 기준치에 미치지 못하는데 예상치를 상회했을 경우에는 약세 압력이 줄어들거나 향후 개선 전환 기대감에 해당국 통화가 강세 전환될 수도 있다. 반대로 기준치를 상회해 해당 부문이 확장 국면에 있고 예상치마저 상회했을 때는 해당 통화의 강세 압력이 커질 것이다. 하지만 기준치는 상회했지만 예상치에 미치지 못했을 경우에는 강세 압력이 약해지거나 향후 해당 부문의 위축 우려에 약세 전환될 수도 있다.

이처럼 지표가 환율에 미치는 영향은 현재 상황과 향후 예상에

따라 상대적이기 때문에 지표 발표 전후의 환율 변동에 대한 학습
과 예측 연습이 필요하다. 먼저 우리는 환율에 영향을 미치는 주요
국의 경제지표들에는 어떤 것이 있고 언제 발표되는지, 지표의 기
준치는 무엇인지 등에 대해 알아야 한다. 경제지표는 정부기관뿐
만 아니라 여러 사기업까지 집계를 하고 있고 지표의 종류 또한 수
십 가지가 되므로 여기서는 모두 다룰 수 없다. 그렇기 때문에 중
요도순으로 꼭 모니터링해야 할 지표만 꼽아보았다.

미국의
주요 경제지표

먼저 미국의 경제지표를 보자. 선순환 구조를 만드는 '소비→생산
→투자→고용→물가→성장률(다시 소비)'순으로 중요지표를 정리
했다.

소비

지표명	중요도	발표일	해설
소매판매	중상	매월 13일 전후	'내구재+비내구재'를 포함한 소매상의 월 매출을 집계(계절성이 있는 자동차 제외). 매월 13일에 발표되며 전월비 개선된 %로 확장·위축을 가늠한다.

지표명	중요도	발표일	해설
소비자 신뢰지수	중	매월 마지막 화요일	미국 전역의 5천여 가구 대상으로 6개월 후의 지역 경제와 고용·수입·소비 등의 전망에 대해 설문조사한다. 1985년 100 기준으로 표시되며 전월비 개선비로 확장·위축을 가늠한다.
개인 소득 및 지출	하	매월 28일 전후	가계의 세전 소득을 의미하며 피고용인의 급여, 자영업자·사업자 소득, 임대 소득, 배당·이자 소득 등을 집계한다. 전월비 개선비로 확장·위축을 가늠한다.

생산

지표명	중요도	발표일	해설
산업생산	중상	매월 15일 전후	철강·기계·섬유·화학제품, 식료품 등 다양한 상품의 종합지수로 구성되는 생산지표다. ISM 제조업지표와 더불어 대표적 생산지표로 평가된다. 전월 대비 %로 확장·위축을 가늠한다.
ISM 제조업PMI	중상	매월 첫째 주 첫 영업일	공급관리자협회(ISM ; Institute for Supply Management)에서 발표하는 제조업 구매관리자지수(PMI ; Product Management Index)로 주요 업종의 복수 기업을 대상으로 신규 주문과 생산·재고·고용 등을 종합해 집계한다. 지수는 50을 기준점으로 하고 50을 넘으면 제조업 부문 확장 국면, 50을 넘지 않으면 위축 국면으로 판단한다.
ISM 비제조업 PMI	중	매월 첫째 주 세 번째 영업일	역시 ISM에서 발표한다. 비제조업이므로 서비스업지수라고도 한다. 지수는 50을 기준점으로 하고 50을 넘으면 제조업 부문 확장 국면, 50을 넘지 않으면 위축 국면으로 판단한다.

투자

지표명	중요도	발표일	해설
내구재 주문	중	매월 4주차 (24~28일)	89개 산업군의 4,200개 제조업체로부터 각 산업별 산업기계 장치, 공장 건물 등 3년 이상의 수명을 가진 상품에 투자한 정도를 수집해 만든 지표다. 몇 달 후 생산을 위한 투자지표로 전월 대비 개선된 %로 확장·위축을 평가한다.

고용

지표명	중요도	발표일	해설
비농업 부문 신규 고용	최상	매월 첫째 주 금요일	연방준비제도이사회의 통화정책 변화에 기준이 되는 지표로 외환시장에 모든 지표를 통틀어 가장 큰 파급력을 지닌다. 비농업 부문 신규 고용은 해당 월의 신규로 고용된 '공공＋민간 근로자'의 수를 말한다. 'OO명' 식의 절대 수치로 발표되며 예상치 부합 여부가 관건이다.
실업률	상	매월 첫째 주 금요일	미국 노동부의 고용보고서를 통해 비농업 부문 신규 고용자 수와 함께 발표되며, 16세 이상 경제 활동 인구수 중 실업자의 수를 말한다. 인구 대비 %로 발표된다.
ADP 민간 부문 고용	중상	매월 첫째 주 수요일	비농업 부문과 실업률 발표 이틀 전에 공개되며 Automatic Data Processing(ADP)라는 기관에서 집계한다. 민간 부문만을 발표하며, 자체적인 임금대장 조사를 통해 집계하므로 신뢰도는 다소 떨어지지만 이틀 뒤 발표되는 비농업 부문 고용의 결과를 추정하는 데 참고로 쓰일 수 있으므로 중요도는 다소 높은 편이다.

지표명	중요도	발표일	해설
주간 실업수당 청구건수	중	매주 목요일	직장을 잃고 실업수당을 청구하는 사람들의 수로 고용시장의 동향을 유추할 수 있는 고용지표의 일종이다. 집계 기간이 짧기 때문에 공휴일이나 휴가기간 등이 포함된 주에는 이전 주에 비해 적게 나올 수 있으므로 변동성이 큰 편이다.

*고용지표는 기업이 향후 생산 증가를 위해 투입요소를 증가시키는 것이므로 경기선행지표로 쓰인다.

물가

지표명	중요도	발표일	해설
PCE 가격지수	상	매월 28일	연방준비제도이사회가 통화정책 변화에 지표로 삼는 중요 물가지수다. 내구재·비내구재·서비스재로 구성된 개인소비지출(Personal Consumption Expenditures)의 물가 상승 정도를 나타낸 지표다. 구성항목이 국내총생산의 70%에 육박하기 때문에 PCE 구성항목의 물가 상승을 추적하는 것은 매우 중요하다. CPI·PPI와 함께 대표적 물가지수로 꼽힌다.
소비자 물가지수 (CPI)	중상	매월 15일~18일	200개 이상의 소매제품 및 서비스의 가격 인플레이션을 조사해 나타낸 지표다. 크게 주거, 식음료, 교통, 의료, 의복, 여가·취미, 교육, 기타 서비스 등 8개 섹터로 구분된다. 작황이나 채굴에 따라 변동성이 큰 농작물과 에너지 부문을 제외한 핵심 CPI도 함께 발표한다. 2016년 말 기준 Fed의 물가 상승 목표치는 2%이며 예상치 부합 여부가 중요하다.
생산자 물가지수 (PPI)	중	매월 14일~17일	원자재와 중간재·최종재로 구성된 도매가격지수다. 소비자가격(CPI)에 직접적인 영향을 줄 수 있으며 역시 농작물과 에너지를 제외한 핵심 PPI를 함께 발표한다.

경제성장: 교역

지표명	중요도	발표일	해설
GDP 성장률 (분기)	상	1·4·7·10월 마지막 주	연방준비제도이사회가 통화정책 변경에 중요 지표로 삼는 모든 지표들은 궁극적으로 경제 성장을 위해 존재한다고 할 수 있다. 국내총생산(GDP : Gross Domestic Product)은 미국에서 생산된 모든 상품과 서비스의 최종 가치를 말하며, 생산된 가치가 지속적으로 증가한다는 것은 곧 경제가 완만한 확장을 지속한다는 뜻이다. 전기 대비 연율 계산(%)하며 예상치 부합 여부가 관건이다.
무역수지 (수출, 수입)	중	매월 초 전전월치 발표	월간 수출과 수입 동향으로 경기 동향을 파악할 수 있는 중요 지표다. 일반적으로 무역수지 개선은 경기 확장으로 판단할 수 있으나 수입이 수출에 비해 많이 급감해 발생하는 불황형 무역수지 개선은 경기 둔화로 해석되므로 주의해야 한다. 무역수지와 수출입은 절대 액수와 전월 대비 %로 발표된다.

경제성장: 베이지북, FOMC 전문, 의사록 공개

지표명	중요도	발표일	해설
베이지북	상	FOMC 정례회의 보름 전	미국 경기동향보고서로 책 표지가 베이지색인 데서 유래했다. 12개 연방지역구들로부터 수집된 경영자, 경제학자, 은행가들의 경제 평가를 기초로 작성되며 현재의 경제 상황에 대해 평가한다. 내용은 FOMC 통화정책 의사결정에 참고자료로 활용된다.
FOMC 의사록	상	FOMC 회의 3주 후	FOMC 회의에서 12명의 지역 연방은행 총재가 논의했던 내용을 기록한 의사록이다. 공개 3주 뒤 열릴 다음 FOMC 회의에서의 방향을 가늠할 수 있는 지표로 활용된다.

*지표 발표일은 휴일과 발표기관 사정에 따라 변경될 수 있다.

우리나라와 주요 통화국의 교역 비중

(억 달러)

주요국	수출	수입
중국	1,452(28%)	900(21%)
미국	702(13%)	452(10%)
EU	516(10%)	623(14%)
일본	321(6%)	537(12%)

주: 2015년 기준
자료: 한국무역협회

기타국들의
주요 경제지표

2017년 기준, 우리나라는 전체 수출의 약 25%를 중국에 의존하고 있다. 따라서 중국의 수입 감소는 우리 기업에 직접적인 타격을 줄 수 있다. 중국의 중요 경제지표로는 경제성장률(GDP)을 비롯해 무역수지·수출입 동향·산업생산·소매판매 등이 있다. 일반적으로 지표 호조 시에는 원화 강세(달러원 하락)로 이어지고, 지표 부진 시에는 원화 약세(달러원 상승)로 이어진다.

한편 유로존은 우리나라와의 교역이 미국·중국·일본 등에 비해 많지 않기 때문에 지표 결과가 미치는 영향 또한 상대적으로 크지 않다. 다만 장기 저성장 국면에 접어들거나 지나치게 확장세가 빠르면 지표 결과가 통화정책 변화로 이어질 수 있으므로 GDP 성장률이나 물가 등의 중요 지표는 주의해야 한다. 일반적으로 유로존 지표 호조는 유로 강세와 달러 약세로 작용해 달러원 환율에도 하락 압력(원화 강세)으로 이어진다.

　일본은 우리나라와 교역 비중도 높지만 산업구조가 비슷하고 경쟁 구도에 있기 때문에 일본의 경제지표와 통화정책 변경에 따른 엔화의 움직임은 원화에 다소 큰 영향을 끼친다. 예를 들어 일본의 지표 부진과 통화 완화에 따른 엔화 약세는 우리 기업에 가격경쟁력 약화의 원인으로 작용하는데, 이는 기업실적 부진으로 이어져 결과적으로 원화 약세를 유발할 수 있다. 반면 통화 긴축에 따른 엔화 강세나 안전자산 선호 국면에서는 음의 상관관계를 보일 수 있다.

　일본의 주요 경제지표로는 일본 중앙은행(BOJ)의 정책 변화에 영향을 줄 수 있는 GDP 성장률·물가를 비롯해 기업의 심리지표인 단칸지수(4·7·10월 초와 12월 중순에 발표되며 경기 상황과 제품의 수급, 고용과 투자 등의 내용을 담고 있음)와 산업생산지표 등이 있다. 보통 지표 결과에 따른 엔화와 원화의 관계는 양의 상관관계를 보인다.

　호주는 다른 나라 대비 우리나라와의 교역이 상대적으로 크지 않고 자원 수출국으로 산업구조가 다르지만, 같은 위험통화로 구분되어 지표 결과가 원화에 미치는 영향은 상대적으로 큰 편이다. 호주의 성장률과 무역수지·수출입 동향 등은 호주 중앙은행(RBA)

의 통화정책 변화로 이어져 호주 달러에 영향을 주는데, 일반적으로 지표 호조에 따른 호주 달러 강세는 원화 강세 압력으로 작용하는 반면 부진 시에는 호주 달러 약세와 함께 원화 또한 동반 약세 압력으로 작용한다.

핵심 포인트

경제지표는 시장의 예상을 충족시키느냐, 충족시키지 못하느냐에 따라 환율에 미치는 영향이 달라진다.

글로벌 금융시장의
심리를 파악하자

안전한 자산과 위험한 자산을 구분하고 이들 자산의 가격 변화를 통해 시장의 심리를 읽어야 환율이 보인다.

환율을 움직이는 수많은 요인들이 있지만 그 방향을 예측하는 첫 단계이자 가장 중요한 것은 시장의 분위기, 즉 시장심리를 파악하는 것이다. 심리는 수급을 압도한다.

글로벌 금융시장에서 시장을 주도하는 재료들에 근거해 현 시장 참가자들이 위험자산을 취하는지 안전자산을 취하는지 파악하는 일은 분석하고자 하는 통화가 강세로 갈지 약세로 갈지 판단하는 데 매우 중요한 기초 과정이다. 물론 그 전에 분석하고자 하는 통화가 안전자산으로 구분되는지 파악해야 한다. 일반적으로 시장심리는 주요국에서의 주식과 채권, 외환시장의 추세와 방향, 그리고 변동성 지표 등 각종 보조지표로 추측할 수 있다.

통화 이외의 안전자산과
위험자산에 대한 심리

일반적으로 통화를 제외하고 주식·원자재(비철금속·원유 등)는 위험 자산에 속하고, 국가가 보증하고 발행한 채권(국채·통화안정증권·물 가연동국채 등)과 금은 안전자산에 속한다(개발도상국을 비롯한 신흥국 중 국가부도 위험이 높은 국가의 국채는 위험자산으로 구분된다).

위험자산은 글로벌 경제 흐름이 개선세를 보이거나 꼭 그렇지 않더라도 향후 경기 부양이 예상될 때 수요가 늘고 가격이 상승한 다. 반면 글로벌 경제가 둔화 국면에 있거나 향후 경기 부진이 예 상될 때는 위험자산의 수요가 감소한다. 이때는 안전자산(국채, 안전 통화 등)의 수요가 높아진다.

원자재의 경우 원유와 구리·알루미늄과 같은 비철금속은 위험 자산에 속하지만 시장심리만큼이나 수급 영향을 많이 받으므로 주 의해서 봐야 한다. 중국·미국 등 주요국들의 수요 전망에 가격이 변동되지만 생산과 재고량 등에 따른 공급 측면에서의 영향도 가 격을 움직이는 요인이 되기 때문이다. 참고로 원자재는 수요와 공급 모두 가격 변동 요인이기 때문에 기본 변동성이 크고, 투기 수요까지 가세하는 경우가 많아 타 자산가격에 비해 일중 등락폭이 비교적 큰 편이다.

　일반적인 시장은 앞에서 설명한 대로 흘러가지만 이따금씩 내부적 요인에 의해 안전자산 선호 장세(risk off)에서 주식이 강세를 보이거나, 반대로 위험자산 선호 장세(risk on)에서 채권이 강세를 보이기도 한다. 따라서 시장심리를 파악하기 위해서는 여러 가격지표를 함께 고려해야 한다.

시장심리를 가늠하는
보조지표들

　①TED 스프레드

　3개월 리보금리(영국 런던에서 우량은행끼리 단기자금을 거래할 때 적용하는 금리)와 3개월 미국 국채금리 간의 차이로, 런던에서 은행 간의 단기자금 조달금리로 사용되는 리보금리가 무위험 자산으로 통용되는 미국 국채의 금리에 비해 크게 상승하면 시장에서 달러를 조달하기가 어려워진다는 의미다. 따라서 TED 스프레드가 확대되면 안전자산인 달러화의 가치가 높아져 달러화가 오를 가능성이 커진다.

두 금리의 차를 지표로 쓰는 이유는 미국이 기준금리를 인상하면 두 금리가 동시에 상승하는데, 만약 이때 단기자금 조달금리인 리보금리만 시장심리의 지표로 본다면 안전자산 선호심리가 커졌다고 오해할 수 있기 때문이다.

②CDS 프리미엄

시장심리가 안전자산 선호인지 위험자산 선호인지 가늠하는 대표적인 지표로, CDS는 '신용부도스왑(Credit Default Swap)'의 약자다. CDS는 금융기관이나 국가에 부도가 났을 때 금융기관이나 국가가 발행한 채권 등 금융자산의 손실을 보전 받을 수 있는 파생상품을 말한다.

CDS를 구입한 사람(buyer)은 CDS 판매자(payer)에게 손실을 보전 받는 대신 프리미엄을 지불하는데, 부도 위험이 높아질수록 프리미엄도 증가한다. CDS는 금융시장에서 파생상품으로 활발히 거래되며 일반적으로 신흥국·부실 금융기관의 CDS 프리미엄이 선진국·견실 금융기관에 비해 높다.

실무에서는 신흥국들의 CDS 프리미엄이 동반 상승한다면 현 시장이 안전자산 선호심리가 부각되었다고 해석할 수 있다. 어느 한 국가의 CDS 프리미엄이 상승했을 때 해당 통화는 약세를 보일 가능성이 높다고 볼 수 있겠다.

핵심 포인트

환율의 방향을 예측하는 첫 단계는 시장의 분위기가 안전자산 선호인지 위험자산 선호인지 가늠하는 일이다. 일반적으로 주식과 원자재 등은 위험자산으로 구분되고, 국가가 보증하고 발행한 채권은 안전자산으로 구분된다. 또한 기축통화인 미국 달러와 일본 엔화는 안전통화로 구분되고, 우리나라 원화를 비롯한 여타 신흥국 통화는 위험통화로 구분된다.

| 3장 |

환율을 움직이는
보이지 않는 손 ②

2장에서는 환율의 움직임과 방향을 예측하기 위한 다양한 요인들에 대해 알아보았다. 이번 장에서는 주식, 채권, 원자재의 가격과 중앙은행의 통화정책이 환율에 미치는 영향에 대해 알아보겠다. 환율을 예측하기 위해서는 반드시 FOMC 회의와 세계 주요 국가들의 동향을 모니터링해야 한다. 결국 외환시장은 거래자의 심리를 먼저 읽는 자가 승리하는 곳이다. 이 점을 잊지 말고 차근차근 환율의 향방을 통찰해보자.

주식, 채권, 원자재의 가격이 환율에 미치는 영향

외환시장만 보아서는 환율이 오를지 내릴지 예측하기 힘들다. 여러 시장을 함께 보아야 환율을 보다 정확하게 예측할 수 있다.

경제의 나침반 역할을 하는 4총사가 있다. 주가지수와 환율, 금리, 원자재가 그것이다. 9시 뉴스를 보면서 오늘 하루의 주가지수, 환율, 채권금리, 유가 변화 등에 대한 브리핑을 한 번쯤은 보았을 것이다. 자본시장을 대표하는 주가와 금리, 그리고 실물경제의 수요를 대변하는 원자재시장은 글로벌 경제 흐름 속에서 톱니바퀴처럼 맞물리며 환율을 움직인다. 따라서 우리는 환율 동향과 전망을 확인하기 위해 자본시장과 원자재시장을 면밀히 모니터링할 필요가 있다.

일반적으로 달러원 환율과 주가지수는 역의 상관관계를 가진다.

주가지수와
환율과의 관계

우리나라 기업이 기술이나 가격 측면에서 글로벌 경쟁력을 가지고 수출 확대 및 무역수지 흑자를 이어간다면 우리 경제는 견조한 성장세를 보일 것이다. 여기서 무역 흑자로 인한 달러 유입으로 달러원 환율은 먼저 하락 압력(원화 강세 압력)을 받게 된다. 실적 호조로 기업의 가치는 증가하고 원화의 가치 또한 올라간다. 주가 차익뿐만 아니라 환차익까지 볼 수 있는 상황이니 외국인들이 우리나라 주식을 매입할 유인이 커진다. 외국인들이 우리나라 주식을 매입하기 위해서는 달러를 팔고 원화를 사야 하기 때문에 달러원 환율은 또다시 하락 압력을 받게 된다.

이처럼 국가 경제가 완만한 성장을 이어가고 기업 실적이 개선되어 주가지수가 오르게 되면 원화는 강세 압력을 받게 되고, 달러원 환율은 하락하게 된다. 일반적으로 달러원 환율과 주가지수는 역의 상관관계를 가진다.

채권 가격(금리)과
환율과의 관계

한편 우리나라가 견조한 경제성장을 이어나간다면 주식뿐만 아니라 원화 채권에 대한 수요로도 이어질 수 있다. 미국과 같은 선진국에 비해 상대적으로 수익률(금리)이 높고 신흥국 중에서도 비교적 안정적인 채권이라는 평가를 받게 될 것이다. 글로벌 펀드 포트폴리오에 담는 과정에서 채권 가격은 상승(채권금리 하락)하고, 환율은 하락 압력(원화 강세)을 받는다. 이 경우 단기적으로 채권 가격과 환율은 음의 상관관계를 가진다.

하지만 경제성장과 물가 상승률이 가파르면 당국은 버블을 방지하고자 금리 인상을 준비할 것이다. 금리 인상 가능성이 확대되면 시장금리가 오르면서 채권 가격이 하락해 외국인 채권투자자금이 이탈할 수 있다. 물론 금리 인상이 반드시 외국인의 자금 이탈로

3년 만기 국채금리와 달러원의 상관관계

-- 월평균 환율(좌)   — 3년 국채금리(우)

자료 : 한국은행 경제통계시스템

이어지는 것은 아니다. 우리나라 금리 인상에도 여전히 내외 금리 차가 크고, 원화채에 대한 수익률이 매력적이라면 이탈하지 않을 것이다. 오히려 금리 상승 영향으로 원화가 단기적 강세 압력을 받을 수 있다. 즉 채권 가격 하락(시장금리 상승)에도 환율이 하락하는 양의 상관관계를 가질 수 있는 것이다.

　실제로 우리나라 국채금리(가격)와 달러원 환율은 단기적으로는 일부 상관성을 보이기도 하지만 장기적으로는 큰 상관성이 없음을 알 수 있다. 2007~2016년까지의 상관계수는 -0.22를 보였다.

　정리하면 우리나라 채권 가격(금리)과 환율의 상관성은 사실상 크지 않다고 해석할 수 있다. 환율은 내외 금리차와 외국인의 시장 해석에 따라 수시로 달라진다. 따라서 환율의 방향을 가늠하기 위해 채권시장을 참고할 때는 시장금리 동향보다 외환시장에 실수급으로 영향을 미칠 수 있는 외국인 채권 매매 동향을 참고하는 것이 더 적합하다.

원자재의 가격과
환율과의 관계

원자재의 가격은 실물경제에 보다 직접적인 영향을 끼친다. 미국의 경제 회복과 더불어 중국을 비롯한 신흥국들의 높은 성장세가 지속된다면 원자재 수요도 늘어나 가격이 상승하게 된다. 특히 세계 제2의 경제 대국인 중국의 원자재 수요 증가가 이어지면 우리나라 원화를 비롯한 신흥국 통화가 동반 강세 압력을 받을 수 있다. 따라서 글로벌 수요 증가로 인한 원자재의 가격 상승은 일반적으로 원화의 강세, 즉 달러원 환율 하락을 유발한다.

원자재는 수요 증가가 예측되면 투기세력이 가세해 가격 변동성을 키우기 때문에 신흥국 통화와 함께 위험자산으로 구분된다. 국제 비철금속 등의 원자재들은 미국 달러로 거래되기 때문에 수요 증가와 별개로 시장이 위험자산 선호심리 상태이거나 달러가 약세를 보일 때도 가격이 상승한다. 즉 달러원 환율이 하락(원화 강세)할 때 달러 표시 원자재 가격이 상승하는 역의 상관관계를 가진다.

　다만 원유와 비철 등은 수요적인 측면뿐만 아니라 생산국의 채굴량 변화 등의 공급 이슈도 있기 때문에 반드시 수요 요인이나 달러화에만 연동되는 것은 아니다. 생산 환경 변화에 따라 환율과의 상관관계가 깨질 수도 있으므로 주의해야 한다.

핵심 포인트

일반적으로 주식과 달러원 환율은 역의 상관관계를 가진다. 위험자산인 주식이 강세를 보이면 위험통화인 원화 또한 강세(달러원 하락)를 보이는 것과 같다. 물론 이런 상관관계가 항상 성립하는 것은 아니다. 중장기적으로 채권 가격(금리)과 환율과의 상관성은 낮다. 다만 단기적으로는 금리 전망에 따른 외국인의 채권 매매 동향이 수급적으로 환율 변동 요인으로 작용할 수 있다. 원자재는 위험자산으로 구분되기 때문에 달러원 환율과는 음의 상관관계를 가진다. 즉 달러 약세로 인해 원자재 가격이 상승하면 원화 또한 강세를 보인다. 다만 원자재 가격은 수요뿐만 아니라 생산 요인에 의해서도 변동되므로 상관성은 주식에 비해 다소 낮은 편이다.

중앙은행의 통화정책은
환율에 중력으로 작용한다

중앙은행의 통화정책은 환율에 가장 큰 영향을 미치는 요인이다. 통화정책은 장단기적으로 통화의 방향을 주도한다.

2008년 글로벌 금융위기 이후 극도로 위축된 경제를 회복시키고자 연방준비제도이사회는 양적완화를 단행했다. 역사상 유례없는 많은 양의 화폐를 시중에 유통시킨 것이다. 통화를 '완화'시킨 결과 2009년 초 1,600원에 근접했던 달러원 환율은 2014년 중순에 1,000원선까지 하락했다. 시중에 달러가 넘쳐나니 달러화가 약세를 보인 것은 당연하다. 이후 연방준비제도이사회는 그동안 풀었던 자산 매입을 2014년 말까지 단계적으로 축소·종료하고, 2015년 12월에는 기준금리를 0.25% 인상했다. 양적완화로 시중에 풀린 유동성을 회수하기 위한 의도였다. 즉 통화를 긴축하기 시작한 것이다. 이번에도 달러원 환율은 즉각 반응해 1,170원선까지 반등했다.

일본의 경우도 비슷하다. 2012년 말 일본 아베정권이 집권한 후 발표한 공격적 양적완화로 1달러당 75엔이었던 달러엔 환율은 이후 2014년 초 125엔까지 상승했고, 엔원 기준으로는 1,440원에서 950원까지 하락했다. 다만 일본은 2018년 말 현재까지 양적완화를 축소하지 않고 있다. 일본 중앙은행의 이러한 통화정책은 현재 진행형인 셈이다.

두 예시에서 보듯이 각국 중앙은행의 통화정책은 환율에 가장 큰 파급력을 끼친다. 만약 경제가 지나치게 위축되면 통화 완화정책을 통해 경기 부양을 유도하고, 지나친 확장 국면에서는 통화 긴축정책으로 속도를 완화시킨다. 이러한 중앙은행의 통화정책은 보통 1회로 끝나지 않고 경기 회복세에 따라 연달아 시행되는데, 처음에는 저강도로 시작해 실물경기의 반응과 효과를 확인하면서 점차 그 양을 늘려간다.

금융위기 때와 같이 시장심리가 급격히 냉각된 상황에서는 심리를 녹일 수 있는 강한 정책이 필요하지만, 일반적인 경제 확장이나 위축 국면에서는 부작용을 최소화하기 위해 저강도의 단계적 정책이 필요하다.

통화정책의 목적은
무엇일까?

양적완화 당시 일본과 미국의 공통된 목표는 무엇이었을까? 바로 '2%대의 물가 상승'이다. 즉 물가 상승을 동반한 경기 둔화 국면 탈피를 목표로 하고 있었다는 것이다. 사실 굳이 경기 둔화 국면에 있지 않더라도 대부분의 국가들은 이처럼 완만한 물가 상승과 경제성장을 통화정책의 목표로 삼고 있다.

그렇다면 물가 상승은 왜 중요할까? 단순하게 생각하면 임금은 제한적인데 물가가 높으니 물건을 살 수 있는 양이 적어져 좋을 게 없어 보이고, 오히려 물가가 하락하면 더 많은 것을 살 수 있으니 좋아 보인다. 하지만 생각과 달리 물가 하락은 실물경제에 심각한

경제성장의 선순환 구조

한국은행이 명시한 통화정책의 목표

부작용을 가져온다.

물가, 즉 물건의 가격은 물건 수요가 감소하거나 화폐 공급의 감소로 화폐 가치가 상승하면 하락하게 된다. 금리가 다소 높은 수준에서 성장이 둔화되면 기업과 가계의 예금이 증가하고 대출이 감소해 시중에 통화량이 적어지는데, 화폐의 공급까지 줄어드니 화폐 가치가 상승하는 것이다. 물건이 지닌 가치는 그대로인데 화폐의 가치만 상승하니 물건의 가격은 하락한다.

문제는 물가가 하락하기 시작하면 수요가 더욱 줄어든다는 데있다. 앞으로 물가가 더 하락할 것이라는 기대감에 사람들은 소비를 뒤로 미룬다. 결국 소비가 줄면서 다시 생산이 줄어드는 악순환에 빠진다. 물건의 수요가 감소해 물가가 하락하는 경우도 마찬가지다. 수요 감소는 자연스럽게 기업의 생산 감소로 이어지고, 기업이 생산을 줄이면 기업의 소득이 적어지니 고용과 투자도 함께 줄어들게 된다. 고용 감소는 가계소득 감소로 이어지고, 투자 감소는 기업 경쟁력의 약화로 이어진다. 이는 다시 국가 경제 전반의 총수요 감소로 이어진다. 결국 이러한 악순환은 경제성장 둔화와 후퇴를 가져온다.

반대로 물가가 완만히 상승하면 소비가 앞당겨질 수 있다. 보유 중인 부동산과 같은 자산가격의 상승은 미래 소득 증가 기대로 이어져 소비의 증가를 가져온다. 소비 증가에 기업은 생산을 늘리고, 생산의 증가는 다시 고용과 투자의 증가로 이어진다. 이는 곧 가계 소득의 증가, 나아가 소비와 생산의 증가로 이어지는 경제 선순환 구조를 만든다.

중앙은행의
물가 상승 목표치

선순환 구조를 위한 물가 상승, 그리고 이를 위한 화폐 가치 조절을 바로 중앙은행의 통화정책이 담당한다. 물건이 지닌 가치는 그대로인데 통화 완화를 통해 시중에 돈을 풀어 화폐 가치가 하락하게 되면 물건의 가격, 즉 물가가 상승한다. 이렇듯 물가가 하락 중이거나 정체되어 악순환(경기 둔화)이 우려될 때 중앙은행은 인위적으로 물가를 끌어올려 경제 선순환 구조로 만들기 위해 통화 완화 정책을 시행하는 것이다.

하지만 계속적인 통화 완화정책은 때로는 물가의 지나친 상승, 즉 버블을 만들기도 하므로 중앙은행은 이를 방지하기 위해 물가 동향과 성장 속도를 면밀히 관찰하게 된다. 앞서 말한 대로 저강도의 단계적 정책을 수행하는 이유다. 만약 버블 가능성이 감지되면 통화 긴축으로 이를 방지한다.

통화정책의
도구와 방법

중앙은행은 항상 경제 상황에 적합한 물가 상승 목표를 가지고 있다. 물가가 완만하게 상승하면서 경제가 건강하게 성장할 수 있도록 물가 상승 목표치를 기준으로 통화정책을 실행한다. 물가 상승 목표치는 각국의 경제성장 속도에 따라 달라지는데, 현재 우리나라를 비롯한 미국, 일본, 유로존 등 주요국들의 물가 상승 목표치는 약 2% 수준이며, 상대적으로 경제성장률이 높은 중국은 3%로 설정하고 있다.

①기준금리 조정

'금융통화위원회에서 경기 둔화를 우려해 기준금리를 1.25%로 25bp인하했다. 사상 최저 기준금리 수준이다.'라는 식의 금리정책 뉴스를 들어본 기억이 있을 것이다. 대출이 있는 사람들은 물론이고 최근 글로벌 경제 이슈로 인해 우리에게 익숙한 내용이다. 그렇다면 한국은행은 왜 금리를 내렸을까? 역사상 유래 없는 저금리, 1%에 가까운 금리는 왜 필요했을까?

금리 인하는 가장 일반적이면서도 대표적인 통화 완화정책이다. 중앙은행이 기준금리를 인하하면 금융기관(주로 은행)이 중앙은행으로부터 자금을 차입하는 금리가 내려간다. 쉽게 자금 조달이 가능하니 은행은 가계 및 기업의 대출 수요를 늘리기 위해 대출금리를 낮춘다. 이는 곧 가계와 기업의 대출 증가로 이어져 생산시설·연구 개발 등의 산업기반투자와 금융자산·부동산 등의 실물투자를 증가시키는데, 이 과정에서 자산가격 상승이 동반된다. 대출금리만 낮추면 예대마진(대출이자에서 예금이자를 뺀 나머지 부분)이 줄어들기 때문에 예금금리도 함께 낮추는데 이 또한 대출과 마찬가지다. 저금리는 예금 유인을 떨어뜨리고 마찬가지로 실물자산의 투자 수요를 증가시켜 자산가격 상승을 촉발한다. 즉 물가가 상승하는 것이다.

하지만 이에 따른 부작용도 있다. 가장 쉽게 시중에 돈을 풀 수 있지만 유동성이 기술개발 등의 투자로 이어지지 않고 부동산이나 금융자산투자 등에만 유입되면 실물경제는 성장하지 않는다. 오히려 자산가격 상승만 유발해 버블이 형성된다. 중국과 유럽 등의 글로벌 경기 둔화 우려가 점증되고 경제 주체의 총수요가 감소하고 있는 현 상황에서 기업은 재투자를 하지 않고 유보금을 늘리는 한편, 가계는 풍부한 유동성을 이용해 빚을 내어 집을 사고 주식에 투자한다. 즉 실물경제는 순환되지 않고 부동산과 금융자산 등 특정 분야의 가격만 오르는 것이다.

이 상황이 지속되면 부작용에 따른 후폭풍은 생각보다 심각하다. 중앙은행은 산업 전반적으로 완만한 물가 상승을 유도했지만 특정 분야의 가격 상승만 가파르다면 부작용이 생길 수밖에 없다. 가격 상승이 가파른 분야만 규제를 강화해 가격 상승을 억제하거나 기준금리 상승을 통해 시장 유동성을 회수할 수밖에 없다. 이렇게 되면 경제 주체들, 특히 가계는 소득이 제한되어 있는 상태에서 금리 상승에 따른 이자 부담 가중에 자산을 처분하게 된다. 자산 가격의 하락은 또 다른 경제 주체들의 연쇄적인 자산 처분을 유발해 가격 폭락으로 이어질 수 있다. 즉 버블이 터지는 것이다.

버블 붕괴는 소비를 극도로 위축시킴과 동시에 디플레이션(물가 하락)을 야기한다. 악순환이 시작되면 해당국 통화는 펀더멘털이 손상되었기 때문에 금리 인상에도 불구하고 상당 기간 약세 압력을 받을 수 있다. 통화정책은 산업 전반적인 정부의 정책적 공조가 수반될 때 힘을 발휘한다. 또한 정책의 강도 또한 신중할 수밖에 없다. 단기적인 자산가격 상승으로 인한 소비 증가는 일시적이며 향후 더 큰 고통을 가져올 수 있음을 잊지 말아야 한다.

한국은행이 기준금리를 인하하면 달러원 환율은 어떻게 될까? 일반적으로 통화량 증가로 인한 물가 상승 압력, 그리고 화폐 가치 하락으로 환율은 상승 압력(원화 약세)을 받게 된다. 금리 인하로 인한 채권과 같은 원화자산의 기대수익률 역시 감소되고, 다른 고금리 통화로의 투자자금 이탈 우려를 확대시켜 상승 압력으로 작용한다. 물론 추가 금리 인하 기대감이 남아 있어 외국인의 채권자금 이탈이 제한적이라면 단기적으로 환율이 오르지 않을 수도 있다. 다만 이에 대한 확신이 없다면 단기적으로 기준금리 인하는 환율 상승 압력으로 작용한다.

하지만 좀 더 길게 보면 그림이 다를 수 있다. 금리 인하가 경기 부양의 신호로 작용해 투자심리에 긍정적으로 작용한다면 중장기적 외국인 투자자금 유입 등으로 환율 하락 압력을 받을 수도 있다. 이 경우는 중앙은행뿐만 아니라 정부의 정책적 공조가 수반될 때 가능하다. 환율은 우리나라 금리보다는 수급과 대외 이슈에 더욱 민감하게 반응하기 때문에 글로벌 금융위기 사태 이후 금리와의 장기 상관관계를 보면 0에 가깝다. 즉 단기적으로는 영향을 미칠 수 있지만 장기적으로 금리와 환율 간의 관계를 특정 짓기에는 무리가 있다는 뜻이다.

②자산 매입을 통한 유동성 공급, 양적완화

금리정책과 함께 돈의 가치를 하락시켜 물가 상승을 이끌어내는 방법으로 자산 매입이 있다. 앞서 말한 미국과 일본의 양적완화가 이에 해당한다. 양적완화는 보통 금리를 제로에 가깝게 인하했음에도 정책이 효과를 발휘하지 못할 때 시행된다. 즉 물가 상승이 더디고 신용경색(미래 불확실성으로 금융기관이 기업에 자금을 융통하지 않아 자금난에 빠진 상황)이 심화될 때 시행하는데, 금리정책에 비해 보다 직접적이고 효과도 파격적이다

중앙은행은 화폐를 발행해 금융기관이 보유 중인 국채자산을 매입하고, 본원통화(발행된 화폐와 시중은행의 지급준비 예치금)를 증가시킨다. 금리 인하가 은행의 예금 감소와 대출 확대를 통한 시중화폐 융통 확대를 위한 것이라면, 양적완화는 화폐 발행 확대를 통한 통화의 가치 하락으로 보다 직접적인 물가 상승을 유도하는 방법이다. 물론 본원통화도 금리 인하에 비해 폭발적으로 증가한다.

다만 양적완화는 단순히 돈을 푸는 것에 그치지 않고 기업의 실물자산투자를 이끌어낼 수 있는 다양한 정책적 공조를 동반했을 때 그 효과를 발휘한다. 미국의 양적완화가 효과를 낼 수 있었던 이유는 제조업 부문 투자에 대한 각종 세제혜택과 같은 정책이 뒷받침되었기 때문이다.

양적완화 또한 부작용은 있다. 미국을 예로 들어보자. 중앙은행의 자산 매입으로 인한 유동성 공급에도 향후 글로벌 경제나 미국

글로벌 금융위기 이후 미국의 양적완화

	기간	명칭	내용
1	2009년 3월~ 2010년 3월	1차 양적완화(QE)	1조 7천억 달러 유동성 공급
2	2010년 11월~ 2011년 6월	2차 양적완화(QE)	6천억 달러 유동성 공급
3	2011년 9월	오퍼레이션 트위스트(OT)	장기 금리 인하
4	2012년 6월	오퍼레이션 트위스트(OT)	장기 금리 인하
5	2012년 9월~ 2014년 10월	3차 양적완화(QE)	1조 4천억 달러 유동성 공급
6	2012년 12월	자산 매입 규모 확대	기존 매월 450억 달러 자산 매입 →850억 달러로 확대 (3차 양적완화 내용 보강)
7	2014년 1월~ 2014년 10월	자산 매입 규모 축소	기존 자산 매입 규모 단계적 축소, 10월 완전 종료
8	2015년 12월	금리 인상	기존 0~0.25%→0.25~0.50%
9	2016년 12월	금리 인상	기존 0.25~0.50%→0.50~0.75%
10	2017년 3월	금리 인상	기존 0.50~0.75%→0.75~1.00%
11	2017년 6월	금리 인상	기존 0.75~1.00%→1.00~1.25%
12	2017년 12월	금리 인상	기존 1.00~1.25%→1.25~1.50%
13	2018년 3월	금리 인상	기존 1.25~1.50%→1.50~1.75%
14	2018년 6월	금리 인상	기존 1.50~1.75%→1.75~2.00%
15	2018년 9월	금리 인상	기존 1.75~2.00%→2.00~2.25%

최근 20년 미국의 양적완화와 달러 인덱스. 표시된 선이 미국의 정책금리다.

자국 경제가 크게 개선될 기미를 보이지 않는다면 어떻게 될까? 풀려난 자금이 실물경제, 즉 '기업투자→기업 생산→가계소득 증가'로까지 순환되지 않아 이른바 '돈맥경화'가 발생하게 된다. 또한 금리 인하와 마찬가지로 실물경제로 자금이 순환되지 않고 주식이나 채권 등의 금융자산과 부동산투자에만 집중되면 불균형적인 물가 상승과 함께 버블이 생성될 수 있고, 자본가들만 배 불려 사회 양극화를 심화시킬 수 있다.

양적완화는 자국통화의 평가절하를 유도함으로써 수출 경쟁력을 높이는 전략이다. 물가 상승과 함께 무역수지를 개선시키고, 궁극적으로 경제성장을 이룰 수 있는 이보다 더 매력적인 방법이 있을까? 그래서 글로벌 저성장과 저금리 상황에서 각국의 중앙은행이 가장 쉽게 쓸 수 있는 전략이다. 버블과 양극화 등의 부작용이 있음에도 단기간에 효과를 낼 수 있는 차선책이 없어 쓸 수밖에 없는 전략이기 때문이다.

함부로 쓸 수 없는
양적완화 카드

양적완화는 교역 마찰을 피할 수 없다는 단점이 있다. 통화 완화를 통해 무역수지를 개선시키면 반대로 교역 대상국이 그만큼 리스크를 떠안을 수 있기 때문이다. 양적완화를 하기 위해서는 정당한 명목과 교역국들의 공조가 필요하다. 지속적인 무역 적자와 디플레이션 등의 악순환을 끊기 위한 목적이 있어야 하는 것이다.

세계는 지금
환율전쟁 중

세계 경제를 좌지우지하는 미국은 글로벌 금융위기 이후 위축된 경기를 회복시키기 위해 금리를 제로 수준까지 내렸고, 그것도 모자라 1·2·3차 양적완화를 시행하면서 본격적으로 전 세계 환율전쟁의 포문을 열었다. 과거 대공황을 경험했던 미국은 정부와 중앙은행의 공조로 경기 부양을 위해 역사상 유례 없이 많은 양의 돈을 풀었다. 미국 연방준비제도이사회의 양적완화로 기축통화인 미국 달러의 가치는 곤두박질쳤고, 넘치는 유동성을 발판으로 미국은 결국 디플레이션의 악순환에서 벗어나게 되었다. 양적완화의 효과를 톡톡히 본 셈이다.

문제는 미국에서 시작된 리먼발 글로벌 금융위기와 미국의 양적완화가 세계 주요국(유럽·일본·중국 등)에 양적완화를 할 수 있는 명분을 주었다는 점이다. 2009~2010년 그리스, 이탈리아, 스페인 등의 금융권 부실에 따른 경제 둔화로 유럽중앙은행(ECB ; European Central Bank)이 양적완화에 동참했고, 2012년 일본 아베정권의 등장으로 장기 저성장, 저인플레이션의 늪에 빠져 있던 일본까지 미국에 필적하는 규모의 양적완화를 시행했다. 중국은 2015년에 경제의 경착륙 방지를 위한 유동성 공급, 즉 양적완화를 시행했으며 기타 신흥국은 자국통화 강세 압력과 경기 둔화를 방지하고자 금리 인하 정책을 잇따라 시행했다.

그래프를 보면 2008년 글로벌 금융위기 이후 미국의 양적완화를 시작으로 주요국의 본원통화가 급증한 것을 알 수 있다. 현재 미국은 2014년 말 양적완화 종료와 2015년 금리 인상으로 본원통화가 감소하고 있는 반면, 일본과 유로존은 2018년 현재까지 양적

주요국 본원통화 증가 추이

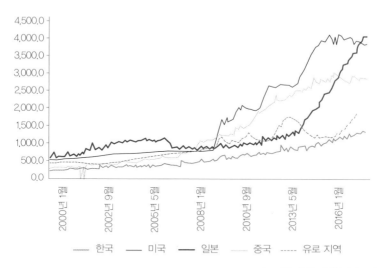

자료 : 한국은행 경제통계시스템

완화를 지속해 본원통화를 늘리고 있다. 한편 우리나라는 금리정책 외 양적완화를 시행하지 않고 있기 때문에 주요국 대비 본원통화 증가율이 가장 낮은 상태다.

제3차 양적완화를 끝으로 경기 확장이 재개되고 금리 정상화에 나서는 현 시점에서 미국은 아이러니하게도 아직 경기를 회복하지 못한 일부 국가들을 환율조작국 지정과 같은 제재로 압박하고 있다. 통화 완화정책과 함께 자국통화 약세 유도를 하고 있는 일부 국가들을 압박하고 있는 것이다. 우리나라 또한 미국 금리 인상 등 대외 요인에 변동성이 확대되는 상황에서도 양적완화를 하지 않고 있지만, 대미 무역수지 흑자와 외환 보유고 증가(당국 개입)를 이유로 2019년 현재 미국의 환율조작 관찰대상국으로 지정되어 있다.

핵심 포인트

통화정책의 목적은 완만한 물가 상승과 경제성장이다. 통화정책은 환율에 가장 큰 영향을 미치는 재료로, 경제가 위축되고 물가 상승이 저조하면 중앙은행은 시중에 통화 유동성을 공급해 경기 부양을 시도한다. 화폐량이 많아지면 통화 가치가 떨어지고 대출금리를 낮춰 투자 증가와 자산가격(물가) 상승으로 이어진다. 물가 상승은 경제성장의 선순환 구조를 가능케 한다. 선순환 구조란 '물가 상승→자산가격 상승→가처분소득 증가→소비 증가→생산 증가→고용·투자 증가→가계소득 증가, 총수요 증가'를 말한다.

통화정책은 기준금리를 조정해 시중에 통화량을 조절하는 방법과 보다 직접적으로 유동성을 공급하는 양적완화정책이 있다. 통화정책의 실행은 자국통화 가치를 낮춰 수출 가격경쟁력을 제고시키는 효과가 있지만 교역국과의 무역 마찰을 가져올 수 있다. 또한 실물경기로 자금 유입이 되지 않으면 자산가격 버블을 초래할 수 있다.

FOMC 회의가
달러의 방향을 좌우한다

기축통화인 미국 달러화의 방향을 제시하는 FOMC 회의. 회의 결과에 따라 글로벌 통화의 방향이 달라진다.

기축통화인 달러의 방향을 좌우하는 미국의 통화정책회의가 있다. 6주마다 열리는 회의에서 미국 연방준비은행(Fed)은 경제 현황에 대한 평가와 함께 향후 통화정책의 방향을 제시한다. 앞서 언급한 미국의 주요 경제지표들을 근거로 경기의 확장과 위축을 가늠하고, 금리 조절과 양적완화 등의 통화정책을 수행한다. 전세계 금융시장의 이목이 FOMC 회의에 집중되어 있어 회의가 시작되지 않았음에도 정책을 수립하는 위원들의 외부 연설이나 언론 발언에 따라 달러화의 가치가 출렁인다.

경제에 큰 영향을 미치는
FOMC 회의

FOMC는 'Federal Open Market Committee'의 약자로 '연방 공개시장위원회'라고 불린다. FOMC는 국가가 국채나 기타 유가 증권 등을 시장에 매입 또는 매각해 시중의 통화 유동성을 조절하고 시장금리 조정 등을 책임진다. 물론 금융위기와 같은 비정상적 상황에서는 양적완화보다 직접적인 조치를 취할 수도 있다.

　중앙은행이 금리를 인하한다고 하면 단순히 기준금리의 단계를 내려 공표하는 것이라 생각할 수 있는데, 사실은 시장금리가 자연스럽게 내려가도록 시중의 통화량을 조절하는 것이다. 만약 통화량을 증가시키면 시중금리와 미국 달러 가치가 하락해 물가 상승을 유발하고 무역수지 개선과 함께 미국 경제가 성장할 수 있다. 세계 1위의 경제 대국인 미국의 성장과 수요 증가는 교역관계에 있는 주변국 경제에까지 긍정적 효과로 파급되는데, 이때 미국을 비롯한 저금리 국가들의 자금이 상대적으로 고성장·고금리의 신흥 자본시장으로 유입되기도 한다.

　글로벌 경제에 미치는 파급효과가 큰 만큼 FOMC 회의가 다가오면 전 세계 금융시장은 발표 대기 장세에 들어간다. 회의 며칠 전부터 글로벌 주식·채권·외환·원자재시장의 거래량이 줄어들고 시장 참가자들은 결과를 기다린다. 그리고 결과가 나오는 순간, 금융시장의 변동성은 커지기 시작한다. 방향을 잘못 짚은 포지션이 일시에 청산되기도 하고, 새로운 방향으로 신규 포지션이 구축되면서 변동성이 확대되기도 한다.

FOMC의 구성과
의사결정 시스템

미국의 행정구역은 50개로 나뉘어져 주정부가 관할하고 연방정부(중앙정부)가 총괄하고 있지만, 은행제도는 행정구역과는 시스템이 다소 다르다. 미국 전역은 12개 연방준비구로 구분되어 있으며 각각 연방준비은행(FRB ; Federal Reserve Bank)을 두어 해당 구역에서 중앙은행의 역할을 수행하고 있다. 이러한 시스템을 연방준비제도(FRS ; Federal Reserve System)라고 한다. 또한 지역 연방은행 총재와 정부 인사들로 구성된 연방준비제도이사회(Federal Reserve Board, FRB 또는 줄여서 Fed라고도 함)를 두고 미국 전역의 적용될 각종 금융정책 수립과 관리 감독 업무를 수행한다. 연방준비제도이사회가 중앙은행과 같은 역할을 한다고 보면 된다. 또한 연방준비제도이사회 멤버들은 연 8회(6주 주기) 만나 통화정책의 방향을 결정하는데, 이 미팅이 바로 FOMC 회의다.

FOMC 멤버들은 대통령이 임명하고 상원의 승인을 얻은 7명의

FRB의 구성원과 FOMC 회의 의사결정 투표권

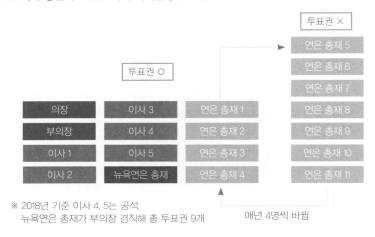

※ 2018년 기준 이사 4, 5는 공석.
　뉴욕연은 총재가 부의장 겸직해 총 투표권 9개

2018년 기준 투표권을 가진 FRB 멤버들

연은 총재
의장 Jerome H. Powell, Chairman · John C. Williams, New York
부의장 John C. Williams, Vice Chairman · Thomas I. Barkin, Richmond
이사 Daniel K. Tarullo · Raphael W. Bostic, Atlanta
이사 Jerome H. Powell · Loretta J. Mester, Cleveland
이사 Lael Brainard · Mary C. Daly, SanFrancisco

향후 3년간 투표권을 가진 연방은행 총재 목록

	2019	2020	2021
연방은행 총재	New York Chicago Boston St.Louis KansasCity	New York Cleveland Philadelphia Dallas Minneapolis	New York Chicago Richmond Atlanta SanFrancisco

자료: 연방준비제도

이사(의장 포함)와 12개 지역 연방은행 총재로 구성된다. 정책 결정에 대한 투표권은 총 12개로 제한되어 있다. 7명의 연방준비제도 이사(의장 포함)들에게는 투표권이 모두 주어져 있는 반면, 뉴욕연방은행 총재를 제외한 11개 은행 총재들은 매년 돌아가며 투표권을 갖는다. 즉 연방준비제도 이사 7명과 뉴욕연방은행 총재까지 총 8명은 항상 투표권을 행사하고 나머지 투표권 4개는 11명의 연방은행 총재가 돌아가며 행사하는 것이다(2018년 말 기준 2개의 이사 자리가 공석으로 투표권을 가진 연방준비제도이사회 위원은 총 9명이다).

  FOMC 회의의 초점은 단연 의장에게 맞춰져 있다. Fed를 대표하는 의장의 말 한마디가 미 통화정책의 향후 향방을 유추할 수 있는 중요한 단서가 되기 때문에 의장의 연설, 그리고 FOMC 회의 결과 발표 후 가지는 기자회견에 전 세계 모든 금융관계자들의 이목이 집중된다. 2018년 기준 현재 의장직은 제롬 파월이 맡고 있으며 임기는 4년으로 2022년 2월까지다.

Fed 위원들의 성향과
FOMC 결과 예측

Fed 구성원들은 각자 통화정책에 관한 성향을 가지고 있다. 통화 완화적이고 경기 부양적인 입장을 가지고 있으면 비둘기파

(dovish), 통화 긴축적이고 버블 경계적인 입장을 가지고 있으면 매파(hawkish)로 불린다.

시장 참가자들은 FOMC 회의를 앞두고 Fed 이사들이나 회의에서 투표권을 가진 연방준비은행 총재들의 발언에 주목해야 한다. 이들이 FOMC 회의를 앞두고 가지는 언론의 인터뷰나 공개석상에서의 연설 또는 발언들을 분석하면 다가올 FOMC 회의에서의 통화정책 결과를 유추할 수 있기 때문이다.

문제는 구성원들의 입장이 항상 같지 않고 경제 상황에 따라 조금씩 바뀐다는 데 있다. 경제 상황이 충분히 개선되었다고 판단될 때는 비둘기파 인사가 매파적 입장을 보일 때도 있고, 경제 상황이 금리 인상이나 긴축에 적합하지 않다고 판단될 때는 매파 인사가 시장 친화적인 비둘기파적 입장을 보이기도 한다. 특히나 FOMC 회의를 앞두고 바뀔 경우에는 환율에 미치는 영향이 상대적으로 크다. 따라서 우리는 FOMC 회의를 앞두고 Fed 멤버들의 발언에 주목해야 한다. 투표권을 가진 멤버들 중 누가 금리 인상에 우호적인 매파적 입장을 보이는지 파악하고 이전 발언과 비교해 강도를 비교해야 한다. 만약 투표권을 가진 멤버들 중 과반수가 넘는 멤버들이 통화 완화적이고 시장 친화적인 비둘기파적 성향을 보인다면 FOMC 회의에서 금리를 동결 또는 인하할 것이라고 추정할 수 있다.

끝으로 시카고 상품거래소(CME)에서는 미국 기준금리에 대한

시장 참가자들의 기대를 반영하는 금리선물(federal fund futures)
이 거래되고 있다고 한다. 향후 미국 금리 변화를 반영한 이 선물
상품의 가격으로 미국 통화정책 변화에 대한 시장 기대감을 가늠
할 수 있다.

주요국의
통화정책회의 스케줄

최근 몇 년 동안 주요국의 통화정책회의는 이전에 비해 보다 통일
감 있게 개편되었다. 미국이 FOMC 회의를 연 8회 개최하고, 유로
존은 2015년부터 연 12회에서 연 8회로 줄여 개최하고 있다. 일본
도 마찬가지로 연 14회 개최하다 2016년부터는 연 8회로 조정했
다. 매월 변동하는 경제지표에 일희일비하며 정책을 변경하기보다
좀 더 긴 호흡을 가지고 경제를 바라보고 대응한다는 목적에서다.
우리나라의 한국은행도 이러한 세계화 흐름에 맞춰 2017년부터는
기존 연 12회에서 연 8회로 줄여 개최한다.

　주요국의 통화정책회의가 모두 연 8회 개최되면서 일정이 일부
겹치거나 연달아 개최되기도 한다. 회의 전후 유로원, 엔원과 같은
이종통화의 변동성 확대가 예상되므로 각국의 통화정책회의를 면
밀히 관측해야 한다. 통화정책회의 일정은 각국 중앙은행 홈페이

2019년 주요국 통화정책회의 일정

2019년	미국 FOMC 회의 (화요일~수요일)	유로존 ECB통화정책회의	일본 금융정책결정회의 (수요일~목요일)
1월	29–30	24	22–23
2월	–	–	–
3월	19–20	7	14–15
4월	30–1	10	24–25
5월	–	–	–
6월	18–19	6	19–20
7월	30–31	25	29–30
8월	–	–	–
9월	17–18	12	18–19
10월	29–30	24	30–31
11월	–	–	–
12월	10–11	12	18–19

지를 통해 쉽게 알 수 있다.

일각에서는 우리나라가 주요국과 같은 보폭으로 통화정책을 수립하면 이들 국가의 통화정책 변화에 민감하게 반응하는 우리나라 금융시장에 적절한 대응이 어려울 것이라는 우려도 있다. 미국·EU·일본의 통화정책회의 이전에 우리나라 금융통화위원회가 열린다면 타국 정책을 예측해 선제 대응을 하는 것이 어려울 수 있고, 회의 이후에 금융통화위원회를 연다면 금융시장의 반응을 파악해 정책 대응을 할 시간이 모자라다는 것이다. 하지만 앞으로도 필요할 때마다 한국은행에서 시장에 직간접적으로 정책 변화에 대한 신호를 주면서 변수에 잘 대응하리라 생각한다. 또한 금리 결정은 없지만 거시경제·금융 안정 상황에 따라 대응하는 금융안정회의를 연 4회 추가해 이에 대해 대응·보완한다는 계획을 가지고 있다.

핵심 포인트

미국 달러화에 가장 큰 영향을 미치는 요인 중 하나는 미국의 통화정책 회의인 FOMC 회의다. 미국은 연방준비제도이사회에서 미국의 통화정책을 결정하며, 결정에 대한 투표권은 의장, 부의장, 이사 5명, 연방은행 총재 5명까지 총 12명이 가지고 있다(2018년 말 기준 투표권은 총 9명이 가지고 있다). 투표권을 가진 구성원들은 통화정책에 대한 각자의 성향을 가지고 있다. 시장 친화적이고 통화 완화적인 입장을 가진 사람은 비둘기파, 통화 긴축적 입장을 가진 사람은 매파라 불린다. FOMC 회의 전에 구성원들의 최근 성향 파악을 통해 결과를 예측할 수 있다.

환율, 반드시 중국을 주시해야 하는 이유

우리나라와 수출입이 가장 많은 국가는 바로 중국이다. 중국 경제가 우리나라에 미치는 영향을 알아야 환율이 보인다.

"작년(2017년)에 우리는 중국과의 무역에서 5천억 달러를 잃었다, 이제 이런 일이 발생하도록 내버려 두지 않을 것이다." 미 트럼프 대통령의 발언을 시작으로 우려했던 미국과 중국의 무역전쟁이 시작되었다. 2018년 3월 해당 발언 이후 미국은 2018년 7월, 중국에서 수입하는 340억 달러 규모의 818개 제품에 대한 25% 관세 부과와 함께 2천억 달러 규모의 중국산 수입품에 대해 추가관세를 부과하겠다는 계획을 발표했다. 2018년 3월 초까지 달러 대비 사상 최고로 강세를 보이던 위안화는 미 정부의 조치에 가파르게 급락했고, 4개월여 만에 약 8% 절하(약세)되었다. 이 기간 주가는 약 18% 하락했다.

왜 미국은 중국을 겨냥했을까?

사실 무역수지를 보면 미국의 입장도 이해는 된다. 미국의 대 중국 교역에서 적자는 2017년 기준 연간 3,752억 달러(약 412조 원)에 이른다. 교역 비중을 보면 수입이 21.6%, 수출이 8.4%로 상당히 불균형 상태인 것을 알 수 있다. 특히 수입 비중은 2위 멕시코(13.4%)와도 상당한 차이를 보이는데, 미국의 입장에서는 특정국에 수입이 집중되어 있는 것도 모자라 막대한 무역 적자까지 떠안아야 하는 상황이 달갑게 느껴질 리 없다.

그럼 미국의 조치가 옳은 것인가? 이 책에서 다루기에는 너무 광범위하고 목적에도 적합하지 않지만 필자의 견해는 당연히 부정적이다. 기축통화국의 보호무역주의와 그로 인한 부작용까지 일일이 언급하지 않아도 한 가지 이유로 설명이 된다. 미국의 보호무역주의, 중국에 대한 관세 부과는 중국뿐만 아니라 우리나라 경제에 치명적인 영향을 줄 수 있기 때문이다.

중국이 기침을 하면
한국은 감기에 걸린다

과거 1990년대를 지나 2000년대를 거치면서 선진국과 개발도상국 간의 기술 격차는 상당 부분 좁혀졌다. 미국을 비롯한 일본, 유럽 등 기술선진국의 신기술 발전 속도는 더딘 반면, 중국 등 개발도상국의 2차 산업기술은 풍부한 천연자원과 저렴한 임금을 기반으로 빠르게 발전했다.

2007년까지 중국은 연 두 자릿수의 경제성장을 기록했으나 글로벌 금융위기 이후 글로벌 수요 감소와 선진국과의 기술 격차 축소로 경제성장 속도가 줄어들고 있다. 과거 우리나라가 1970~1990년대 고도성장기를 거치면서 일본과의 기술 격차를 줄였지만 2000년대에 들어서며 성장 속도가 둔화된 것처럼 중국도 같은 수순을 밟고 있는 것이다.

문제는 중국의 성장 둔화가 중국과 교역관계에 있는 여타 국가 경제에 막대한 영향을 미친다는 것이다. 수입과 수출의 약 20% 이상을 중국에 의존하는 우리나라는 상당한 부담을 느끼지 않을 수 없다. 중국의 무역수지와 수출입지표를 비롯해 물가·생산·소비 등의 지표가 부진을 보이면서 우리나라 경제지표도 함께 악화되고 있다. 즉 원화가 약세(달러원 상승) 압력을 받게 된 것이다. 최근 중국이 대외 의존 수출주도 성장에서 내수 중심 성장으로 정책을 옮

겨가면서 그 영향력이 더욱 커지고 있다. 우리와 산업구조가 중복되는 중공업·IT 부문의 기술 격차가 줄어들면 앞으로 우리나라의 대 중국 수출이 더 감소할 가능성이 있다.

한편 중국 경제 동향은 글로벌 펀드자금의 이머징마켓 배분 비중에 영향을 주기 때문에 우리나라 외국인 자금 유입에도 영향을 미친다. 가령 중국의 성장률 둔화는 글로벌 펀드의 아시아 포트폴리오 비중을 축소시켜 외국인의 원화자산 이탈로 이어지고, 이는 곧 환율 상승 압력으로 작용하게 된다.

중국은 지금까지 그랬던 것처럼 앞으로도 상당 기간 우리나라와 교역의 동반자이자 경쟁자로 그 역할을 할 것이다. 중국의 경제와 위안화 동향에 각별히 주목해야 할 때다. 다음은 2016년 10월에 나온 연합뉴스의 기사다.

달러원, 위안화 약세 업고 고공행진

서울 외환시장에서 달러원 환율이 위안화 약세에 연동하는 흐름이 강해지면서 상승폭도 확대되고 있다. (…) 무역지표 부진 이후 중국 발 경기 불확실성에 대한 우려가 부상한 탓이다. 앞서 중국의 9월 수출은 달러화 기준 작년 대비 10% 감소해 시장 예상치를 크게 밑돌았다. 수입도 1.9% 감소해 수출입 지표 모두 글로벌 수요 부진을 우려케 했다.

위안화와
달러원의 관계

중국은 글로벌 금융위기 충격에서 벗어나기 시작한 2010년 6월 위안화 변동폭 확대 의사를 시사한 후, 매일 일정 시각(2019년 기준 현재 한국 시각으로 오전 10시 15분)에 달러 대비 위안화 환율을 고시하는 관리변동환율제를 고수하고 있다. 세계 2위의 경제 대국인 중국은 위안화 환율 고시를 통해 달러원 환율에 적지 않은 영향을 미쳐왔는데, 일반적으로 위안화 약세 고시는 원화를 포함한 아시아 신흥국 통화의 동반 약세를 유발하고, 강세 고시는 동반 강세를 유발한다.

우리는 위안화 절하 여부를 추정할 수 있는 중국의 무역수지·수출입지표를 주의 깊게 봐야 한다. 중국의 무역수지 악화와 수출 감소가 이어지면 중국은 위안화 약세 고시를 통해 이를 방어할 수 있다. 위안화 고시폭은 상하 2%로 제한되어 있기 때문에 변동폭이 크지는 않지만 달러원 환율에 미치는 영향은 상당하다. 달러원 환율에 1%만 영향을 미쳐도 10원이 아닌가.

하지만 반드시 '위안화 약세가 원화 약세(달러원 상승)'라는 공식이 성립하는 것은 아니다. 원화와 위안화의 동조화가 높기는 하지만 위안화 고시를 압도할 만한 대외 이슈가 시장을 주도했을 때, 또는 대내 수급적 이슈가 부각되었을 때는 위안화와 원화가 반대

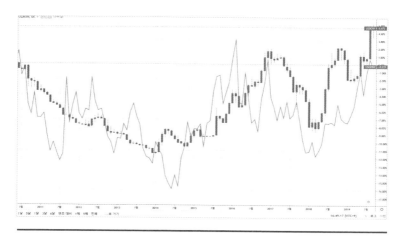

달러위안(캔들)과 달러원(선) 환율의 상관관계. 기본적으로 달러 위안이 상승하면 달러원도 상승함을 확인할 수 있다.

방향으로 움직이기도 하므로 주의해야 한다. 예를 들어 위안화는 약세 고시했지만 미국 금리 인상 기대감이 약화되어 위험자산 선호 분위기가 재개되거나, 우리나라 경상흑자 확대나 외국인 원화 자산 매입세가 지속된다면 위안화와는 다르게 원화가 강세로 갈 수 있다.

다만 중장기적으로 원화와 위안화의 상관관계는 유의미할 만큼 높기 때문에 원화의 방향을 예측하는 데 위안화의 움직임은 놓쳐서는 안 될 고려 요인이다. 달러위안과 달러원 환율의 상관관계를 살펴보면 비슷한 동향을 보인다는 것을 알 수 있다. 2010년 6월부터 2016년 4월까지 달러위안과 달러원은 0.64의 상관계수를 가졌다.

역내 위안화(CNY)와
역외 위안화(CNH)

이어서 '역내 위안화(CNY)'와 '역외 위안화(CNH)'에 대해 좀 더 알아보자. 중국 위안화는 역내, 즉 중국에서 거래되고 있는 CNY와 역외에서 거래되고 있는 CNH로 구분된다. CNY는 말 그대로 중국 본토 내 은행 간 거래되는 현물환율로 매일 인민은행이 환율을 고시한다. CNY는 고시 이후 변동 상하한인 ±2% 이내에서 등락한다. 반면 CNH는 중국 이외의 국가, 주로 홍콩에서 거래되는 역외 위안화로 변동 상하한이 없어 위안화에 대한 시장의 기대를 보

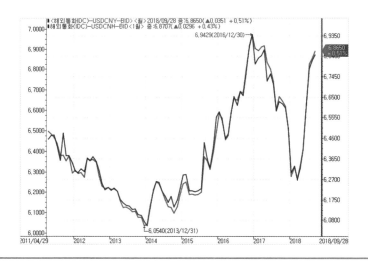

2011~2018년 CNY와 CNH 차트 오버랩

다 잘 반영한다. 다만 CNY의 변동폭이 ±2%이기 때문에 CNY와 큰 괴리를 보이지는 않는다. 일반적으로 장중 달러원 환율에 미치는 영향은 CNH보다는 인민은행이 고시하는 CNY의 영향이 더 크다. 하지만 단기적 환율 변동을 추정할 때는 CNH 환율 움직임도 주목할 필요가 있다.

핵심 포인트

중국은 우리나라와 교역 비중이 가장 큰 나라다. 중국의 성장 둔화와 수출입 둔화는 우리 경제에 보다 직접적인 타격을 준다. 일반적으로 중국 경제지표 부진과 위안화 약세 고시는 원화에 약세 압력(달러원 상승)으로 작용한다.

북한발 지정학적 리스크, 어떻게 해석해야 할까?

잊을 만하면 되풀이되는 북한의 도발. 하지만 사회적 파급력과 환율에 미치는 영향력은 우리의 생각과 다를 수 있다.

　　2018년 4월 27일 사상 3번째 남북 정상회담이 열렸다. 10여 년 만에 남북 정상이 만나 핵 없는 한반도 실현과 연내 종전 합의 등을 골자로 하는 판문점 선언을 하면서 남북은 급격한 화해의 물살을 타게 된다. 얼마 후 6월 12일 이번에는 사상 처음으로 북미 정상회담이 열렸다. 얼마 전까지 서로를 '로켓맨'과 '전쟁 미치광이'라 칭하며 으르렁대던 트럼프 대통령과 김정은 위원장은 정상회담에서 평화와 공동 번영을 약속했다.

　　유래 없이 급격히 진행된 평화모드. 북한발 지정학적 리스크가

2017년 5월~2018년 10월 CDS 프리미엄과 달러원 환율 추이. 표시된 선이 CDS 프리미엄이다.

희미해지는 순간이었다. 이 순간 달러원 환율은 어땠을까? 많은 사람들이 추측하듯 우리나라 지정학적 리스크 완화와 CDS 프리미엄 하락과 함께 원화 강세를 기대하지 않았을까? 하지만 실제로는 환율은 큰 움직임이 없었다.

남북 정상회담과 북미 정상회담이 열린 기간, 회담 결과가 좋았음에도 달러원 환율은 큰 연관성 없이 움직였다는 걸 알 수 있다. 왜일까? 많은 사람들은 과거 북한발 지정학적 리스크가 부각되면서 환율이 급등했던 것을 기억한다. 지금과 같은 화해의 모드는 경험해보지 않았기 때문에 남북관계가 좋아지면 환율이 반대로 급하게 하락할 수 있다고 생각한다.

하지만 실제 환율은 북한발 지정학적 리스크가 확대될 때는 급등할 수 있지만 지정학적 리스크가 완화된다고 해서 급락하지 않는다. 지정학적 리스크가 적은 것이 또는 없는 것이 글로벌 외환시장에서 일반적이며 정상적인 국가의 상황이기 때문이다. 물론 북한발 리스크가 크게 부각되었다가 다시 완화되는 상황이라면 환율 또한 크게 올랐다가 크게 하락할 수 있다.

북한발 리스크에 대한
달러원의 내성

그럼 북한발 리스크가 부각되었을 때를 생각해보자. 2010년 3월 천안함 폭침, 2010년 11월 연평도 포격, 2016년 미사일 발사 등 북한 이슈는 잊을 만하면 되풀이되고 있다. 이 때문인지 우리나라의 가장 큰 리스크 중 하나를 꼽으라면 빠짐없이 등장하는 것이 바로 북한발 지정학적 리스크다.

　오랜 기간 동안 북한의 크고 작은 도발은 시장 참가자들로 하여금 경계감을 유발시켰고 투자심리에 영향을 미쳐왔다. 그렇다면 실제 북한발 지정학적 리스크가 달러원 환율에 미치는 파급력은 어떠할까?

　먼저 환율 영향 프로세스를 보자. 북한발 리스크가 부각되면 국가신용위험, 즉 CDS 프리미엄이 상승한다. CDS 프리미엄 상승으로 원화자산의 가치가 흔들리게 되는데, 이때 외국계 금융기관은 보유 중인 원화자산, 즉 채권과 주식의 매도 유인을 받게 된다. 외국인의 이탈이 실제로 이어지면 원화자산 매도는 원화 대금 매도와 달러 매수로 이어져 환율은 상승 압력을 받는다. 문제는 이 과정에서 단기 투기세력까지 가세해 환율의 오버슈팅(상품이나 금융자산이 일시적으로 폭등·폭락하는 현상)이 일어날 수 있다는 것이다. 여기에 대북 리스크의 강도까지 매우 크다면 시장이 더 혼란스러워질 수 있다.

물론 대북 리스크의 강도에 따라 원화자산 이탈과 투기세력 유입 강도는 달라지지만 재료에 목마른 세력들에게 북한발 이슈는 환율을 끌어올리기 아주 좋은 재료임은 틀림없다. 관건은 지속성인데 지난 2010년 이후 북한발 이벤트가 발생한 경우 대부분 1주일을 넘기지 못하고 원상태로 회복했다. 물론 그동안 북한의 도발이 전쟁으로 이어지지 않았기 때문이기도 하지만 대북 리스크가 반복되면서 경험적으로 내성이 생긴 영향이 크다.

참고로 CDS 프리미엄은 북한발 지정학적 리스크뿐만 아니라 다른 수많은 요인들에 의해서도 올라갈 수 있다. 가령 유럽 재정 취약국의 디폴트 우려가 부각된다거나, 중국발 경기 둔화 우려가 부각되더라도 우리나라 CDS 프리미엄이 상승할 수 있다. CDS 프리미엄 상승했다고 하더라도 반드시 북한발 지정학적 리스크가 커졌다는 것을 의미하지는 않으므로 주의해서 봐야 한다.

북한 재료는
고점 매도의 기회

비교적 최근이라 할 수 있는 2008년 글로벌 금융위기 이후의 북한 발 지정학적 리스크 부각 사례를 살펴보자. 글로벌 금융위기 이후 북한발 지정학적 리스크는 약 10회 정도 외환시장에 출회되어 환율에 영향을 미쳤는데, 결과는 도표와 같다.

북한발 지정학적 리스크 부각과 달러원 환율 변화

날짜	달러원 환율	내용	해당일	1일 후	5일 후
2010-03-26	1,138.70	천안함 폭침	-3.2	-8.6	-12.7
2010-11-23	1,137.50	연평도 포격	+4.8	+0.3	+13.9
2011-12-19	1,174.80	김정일 사망	+16.2	+3.6	-3.6
2012-12-28	1,070.60	장거리 미사일 발사	-1	-2.6	-9.5
2013-02-12	1,090.80	제3차 핵실험	-4.9	-8.9	-14.5
2013-03-11	1,094.80	정전협정 전면 무효화 선언	+4.5	+4.9	+20
2014-03-05	1,070.90	서해안 해안포 사격	-2.6	-9.4	-8.4
2014-08-04	1,033.50	비무장지대 지뢰 폭발	-3.6	-8.9	-3.2
2014-08-20	1,022.70	포격도발	+5.4	+6.3	-0.5
2016-01-06	1,197.90	제4차 핵실험	+2.7	+0.2	+15.5
2016-09-09	1,098.40	제5차 핵실험	+5.8	+20.9	+27.5
평균			+1.83	-2.31	-0.3

도표를 보면 2010년~2016년 북한발 이벤트가 달러원 환율에 미친 영향은 단기적이고 제한적이었다. 비교적 재료의 강도가 강했던 2010년 연평도 포격 당시에는 장초 37원 넘게 올라가기 시작했지만 장 마감 시에는 상승폭을 대부분 되돌리며 마감했다. 재료의 지속성은 초단기적이었지만 변동성 확대는 시장 참가자들의 뇌리에 '북한 재료가 강한 상승 재료'라는 인식을 심어주었다. 참고로 2016년 제4·5차 핵실험은 시장의 주목을 거의 받지 못했다. 실험 발표 이후 상승한 이유는 미국 고용지표 호조와 금리 인상 가능성 확대와 같은 대외 재료 때문이었다.

물론 이런 결과가 매번 나온다는 것은 아니다. 대북 도발이 무력 충돌로 이어지거나 북한 체제의 변화가 이전에는 없던 양상으로 한반도 평화에 위협을 주는 수준으로 발전한다면 이야기는 달라질 수 있다. 다만 현 시점에서 시장 참가자들이 우려하는 북한발 이슈들이 과도한 불안감으로 확대되어 불필요한 경계와 매매로 이어져서는 안 된다는 것이다. 역외도 서울 외환시장 참가자들의 지정학적 공포심리가 절대 작지 않다는 것을 알고 있기 때문에 북한발 재료가 터질 때마다 환율을 끌어올리고 있다.

우리는 역외의 움직임을 역으로 이용해야 한다. 환율 하락 국면에서 돌발적으로 부각된 대북 리스크는 시장 참가자들로 하여금 조금이라도 높은 레벨로 달러를 팔 수 있는 기회를 만들어줄 수 있다.

외환당국의 외환시장 개입과
그에 따른 영향력

보이지 않는 손은 자원을 효율적으로 배분하지만 외환시장에서는 종종 지나친 쏠림 현상으로 시장 실패를 가져오기도 한다.

환율, 1,090원선 위협⋯ 당국 개입 추정 물량이 지지

달러원 환율의 1,100원선 지지력이 무너지면서 1,091원 초반선까지 단번에 하락했다. 1,100원선에서 반등을 예상했던 롱포지션이 급격히 청산되는 가운데, 당국 개입 경계감이 1,090원선을 가까스로 지지하는 모습이다.

이날 오전 10시 5분 1,100원선이 무너진 뒤 1,098원선에서 지지되는 듯 했으나 오전 11시 5분 이후 낙폭을 크게 키우면서 1,092원선까지 미끄러졌다. 오후 1시 8분 1,091.8원에서 바닥을 찍은 직후에는 당국 개입 추정 물량이 나오며 급하게 2원가량 튀었다가 현재 1,093원선에서 거래되고 있다.

먼저 2016년 8월 10일 서울파이낸스에 실린 기사부터 보자. 환율 관련 뉴스에 심심치 않게 나오는 주체가 있다. 바로 '외환당국'이다. 잘 내려가던 환율이 당국의 개입으로 하단이 막히거나 다시 급반등하기도 한다. 외환당국이 외환시장에서 무언가 큰 역할을 하고 있는 것은 확실하다.

사실 외환당국은 환율을 좌지우지하는 역외세력들도 눈치를 볼 만큼 중대한 거래 주체다. 종종 역외 투기세력에 경고를 보내기도 하고, 이들의 의지를 꺾어버릴 정도로 강한 거래 주체가 되기도 한다. 마치 외계인의 침공으로부터 지구를 보호하는 지구방위대가 생각난다.

외환당국이 움직이는 레벨과 규모를 공개하면 투기세력이 이를 역이용할 수 있기 때문에 외환시장에서 당국의 개입 여부는 비공개가 원칙이다. 외환당국은 국내 일부 외국계 은행과 시중은행을 통해 불시에 개입을 단행하는데 비공개라 하더라도 감지를 할 수는 있다. 대외 재료와 수급 등의 하락 재료가 있음에도 환율이 내려가지 않거나 특정 이슈나 유로·엔 등의 주요 통화 등의 움직임이 크게 없는데 환율이 방향을 꺾고 변동성을 확대하면 개입을 의심할 수 있다. 은행의 외환딜러들은 개입 창구로 알려진 특정 은행의 대규모 'bid', 'offer' 주문으로 이를 감지할 수 있는데, 이 중 일부는 언론사를 통해 기사화되기도 한다.

외환당국이란
무엇을 말하는가?

우리나라에서 외환당국이란 보통 기획재정부와 한국은행을 말하는데, 이들이 외환시장에 참여하는 이유는 조금씩 차이가 있지만 크게 다르지 않다. 두 주체의 공통되고 가장 큰 목적 중 하나는 환율 변동성 완화다.

금융시장의 개방도가 높은 우리나라에서는 국내외 금융기관과 기업, 개인들의 외환 실수급 거래량보다 투기 목적의 외환거래가 훨씬 더 많다. 그래서 펀더멘털에 반영하지 못한 환율의 쏠림이 빈번히 발생한다. 환율 변동성 확대는 우리나라 금융기관과 수출입 기업에 심각한 타격을 줄 수 있다. 예상치 못한 변동은 진행 중인 해외투자와 외화자금 조달, 제품 수출입 매출 등에 환차손을 일으킬 수 있고, 향후 투자와 수출입 계획에 큰 혼란을 가져올 수 있다. 그렇기 때문에 외환당국이 시장에 직간접적으로 개입해 이러한 변동성을 완화시키는 것이다.

외환당국 개입의
방법과 성격

외환당국의 개입방법은 '구두개입'과 '실개입'으로 나뉜다. 외환당국의 두 주체인 기획재정부(장차관, 국제금융정책국장 등)와 한국은행(국제국장 등)은 환율 변동성이 지나치게 확대되거나 한쪽으로 쏠림 현상이 발생할 경우, 언론을 통해 구두개입을 단행한다. 대체로 먼저 "현재의 환율 움직임을 예의 주시하고 있으며 과도한 쏠림 시 적극 대응할 것이다."라는 경고성 발언으로 투기세력에 경고를 주는데, 그래도 효과가 없으면 실제로 외화를 사거나 파는 실개입을 통해 변동성을 완화시킨다.

개입의 성격은 실물량을 받아주는 수준, 환율의 상하단을 제한하는 수준의 저강도 개입인 '스무딩오퍼레이션', 투기세력의 의지를 꺾거나 때론 방향을 전환하는 목적의 고강도 개입으로 나뉠 수 있다.

저강도 개입은 변동성이 클 때, 즉 보통 10원 이상 급등락할 때 실행되고, 고강도 개입은 하루 변동성이 아닌 단기간 내 환율이 급등락했을 때 일정 마지노선을 가지고 단행된다. 실제로 2016년 7~8월 환율이 1달여 만에 100원 이상 급락했을 때 외환시장은 추가 하락을 방어하기 위해 하루 10억 달러 이상으로 추정되는 고강도 매수 개입으로 투기세력의 맥을 끊은 적이 있다.

2010~2016년 당국 개입일지

(개입 강도: 고강도 매수·매도 개입〉매수·매도 개입〉스무딩)

날짜	종가	구두개입	실개입
2010-01-04	1,154.80		스무딩
2010-01-06	1,136.40		매수 개입(NDF시장)
2010-01-11	1,119.80		스무딩
2010-02-03	1,149.00		스무딩(5억 달러 이상)
2010-02-17	1,142.20		스무딩
2010-02-22	1,147.00		스무딩
2010-03-05	1,140.10		스무딩
2010-03-11	1,133.60		스무딩
2010-03-30	1,130.10		스무딩
2010-04-01	1,126.40		스무딩
2010-04-02	1,126.00		스무딩
2010-04-07	1,120.50		스무딩
2010-04-27	1,110.10	구두개입 (기재부 국제금융국장)	매수 개입(약 10억 달러 추정)
2010-05-25	1,250.00	구두개입	매수·매도 개입
2010-05-27	1,224.00	구두개입(기재부)	매수 개입(약 3억 달러 추정)
2010-05-28	1,194.90		매수 개입
2010-05-31	1,202.50		매수 개입
2010-07-28	1,184.10		매수 개입(2억 달러 이상 추정)
2010-08-06	1,161.80		스무딩
2010-08-19	1,172.70		스무딩
2010-09-10	1,165.70		스무딩
2010-09-29	1,142.00		스무딩

2010-10-04	1,122.30		스무딩
2010-12-30	1,134.80		스무딩
2011-01-13	1,114.20		스무딩
2011-01-18	1,116.60		스무딩
2011-03-15	1,134.80		매도 개입
2011-03-18	1,126.60	구두개입(기재부)	
2011-03-25	1,114.20		매수 개입(약 10억 달러 추정)
2011-04-11	1,084.30	구두개입(기재부)	
2011-04-28	1,071.20	구두개입 (최종구 기재부 차관보)	
2011-09-20	1,148.40	구두개입	매도 개입(25억~30억 달러 추정)
2011-09-22	1,179.80	구두개입	매도 개입(20억 달러 추정)
2011-09-23	1,166.00	구두개입	고강도 매도 개입 (40억~50억 달러 추정)
2012-01-03	1,150.80		스무딩
2012-05-18	1,172.80		스무딩(약 10억 달러 추정)
2012-09-14	1,117.20		스무딩
2012-09-28	1,111.40		스무딩
2012-10-05	1,111.30		스무딩
2012-10-26	1,097.00	구두개입	매수 개입(약 5억 달러 추정)
2012-10-29	1,095.80	구두개입(이명박 전 대통령)	
2012-11-21	1,083.20	구두개입(기재부 장관)	
2012-11-22	1,085.90	구두개입(기재부 1차관)	매수 개입(15억~20억 달러 추정)
2012-11-27	1,084.10		매수 개입
2012-11-28	1,086.50		스무딩
2013-01-03	1,061.50	구두개입	스무딩

날짜	환율	구두개입	실개입
2013-01-07	1,063.70		스무딩
2013-01-09	1,061.70		스무딩
2013-01-10	1,060.40		스무딩
2013-01-11	1,054.70		스무딩
2013-01-14	1,056.10	구두개입 (한은 총재 + 기재부 장관)	
2013-01-23	1,066.20	구두개입	
2013-05-02	1,101.60		스무딩
2013-05-08	1,086.50	구두개입	
2013-05-09	1,091.00		스무딩
2013-06-21	1,154.70		매도 개입
2013-09-10	1,084.10		스무딩(10억 달러 내외)
2013-10-04	1,070.30		스무딩
2013-10-08	1,073.70		스무딩
2013-10-18	1,060.80	구두개입	스무딩
2013-10-24	1,061.00	기재부 + 한은 공동 개입 (외환위기 후 첫 공동 개입)	매수 개입(20억 달러 이상)
2013-11-20	1,057.90	구두개입(익명)	매수 개입
2013-11-27	1,061.10		스무딩
2013-12-19	1,060.10		매수 개입
2014-01-02	1,050.30		스무딩
2014-01-10	1,061.40	구두개입(추경호 기재부 차관)	
2014-04-09	1,041.40	구두개입 (현오석 경제부총리)	매수 개입(12억~15억 달러)
2014-04-10	1,040.20	구두개입 (기재부 국제금융정책국장)	
2014-05-09	1,024.40	구두개입 (기재부 국제금융정책국장)	

날짜	환율	구두개입	실개입
2014-05-14	1,027.90		고강도 매수 개입 (20억~30억 달러)
2014-05-20	1,025.30		고강도 매수 개입
2014-05-30	1,020.10		스무딩
2014-06-10	1,017.20	구두개입	
2014-07-01	1,011.70		매수 개입
2014-07-02	1,009.20	구두개입(기재부 외자과장 +한은 외환시장 팀장)	
2014-08-28	1,014.40		스무딩
2014-09-03	1,020.00	구두개입(기재부 1차관)	
2014-11-12	1,096.00		스무딩
2014-12-29	1,097.80		매수 개입
2015-03-10	1,122.60		스무딩
2015-03-19	1,117.20		스무딩
2015-04-09	1,092.30	구두개입	
2015-04-28	1,070.00		스무딩
2015-05-07	1,089.70	구두개입(최경환 경제부총리)	
2015-06-04	1,113.90		스무딩
2015-07-23	1,165.10		스무딩
2015-08-12	1,190.80		매도 개입
2015-08-24	1,199.00		고강도 매도 개입 (25억 달러 이상)
2015-08-25	1,195.30		스무딩
2015-09-07	1,203.70		매도 개입
2016-01-04	1,187.70	구두개입 (기재부 + 한은 부총재보)	
2016-01-05	1,188.00	구두개입	스무딩

날짜	환율	구두개입	실개입
2016-01-06	1,197.90		스무딩
2016-01-07	1,200.60	구두개입	
2016-01-08	1,198.10		스무딩
2016-01-11	1,209.80		
2016-01-12	1,210.30		스무딩
2016-01-13	1,204.00		스무딩
2016-01-14	1,213.40		스무딩
2016-01-14	1,213.40		스무딩
2016-02-19	1,234.40	구두개입 (기재부, 한국은행 국장급)	매도 개입
2016-05-04	1,154.30		스무딩
2016-05-19	1,191.70		스무딩
2016-06-24	1,179.90	구두개입	매도 개입
2016-07-28	1,124.40		매수 개입(약 10억 달러 추정)
2016-08-01	1,108.00		스무딩
2016-08-02	1,110.00	구두개입(기재부 1차관)	매수 개입 (약 10억 달러 추정)
2016-08-10	1,095.40		스무딩
2016-08-11	1,099.50		매수 개입 (약 10억 달러 이상 추정)
2016-08-16	1,092.20		매수 개입(10억~20억 달러)
2016-09-22	1,103.30	구두개입	

　　하지만 당국이 고강도 개입을 하더라도 대외 재료가 워낙 강해 환율 방어를 하지 못하는 경우도 있고, 무역 마찰 등의 정치적 이유 때문에 개입하지 못하는 경우도 있다.

필자가 외환시장에서 직접 목격했거나 국내 환율 관련 기사를 토대로 작성한 개입일지를 보자. 외환당국의 실제 개입 여부는 비공개라 정확히 100% 파악할 수는 없다. 추정치일 따름이지만 시장 참가자들이 감지할 수 있었던 만큼 유의미한 자료라 할 수 있다. 일평균 외환거래량이 80억~100억 달러임을 감안할 때 당국이 하루 10억~20억 달러 이상 개입했다면 시장에 꽤나 강한 경고를 준 것이라 해석할 수 있다.

당국은 투기세력에 의한 환율 변동성 확대를 방지하기 위해 매수 개입과 매도 개입을 번갈아 하고 있다. 중요한 것은 급등락 당시 당국의 강한 개입 이후에는 고점과 저점이 형성되는 경우가 많다는 점이다. 당국의 의지를 확인한 역내·외 투기세력들은 베팅했던 포지션을 차익 실현(청산)하는데, 이 과정에서 강한 되돌림이 나타나고는 한다. 당국의 의지가 강할수록 변곡점이 가까워졌음을 유념해야 한다. 또한 단순히 특정 레벨에서 무조건 개입이 들어온다고 생각하면 오산이다. 그때 당시의 대내외적인 상황과 변동성을 감안해 당국의 움직임이 예상되는 레벨을 추정할 수 있어야 한다.

당국의 개입은 외환당국의 성향에 따라서도 달라진다. 변동성 완화가 외환당국 개입의 주된 목표지만 수출주도의 경제성장을 추구하며 고환율정책을 고수하는 정부 전략 아래에서는 고강도 개입을 통해 일정 레벨 이상의 환율 수준을 유지하려고 하기도 한다. 과거 2003~2005년 최중경 전 지식경제부 장관이 당시 기획재정부 국제금융국장이었던 시절에는 1,140원이 일명 '최종경라인'이라고 불릴 정도로 1,140원대를 방어하는 고강도 매수 개입을 단행했었다. 반면 의도적인 환율 개입을 자제하고 수요와 공급에 따른 시장 원리를 고수하는 당국 성향 아래에서는 투기에 의한 쏠림만을 억제하는 저강도 개입을 한다.

미국 환율보고서와
환율조작국 지정

'외환당국이 계속 우리나라 경제에 유리하게 개입하면 되지 않나?'라는 생각이 들 수도 있다. 하지만 대외 불안감에 따른 불가피한 신흥국 통화 약세(고환율)가 아닌 외환당국의 의도적인 원화 약세 유도는 무역 상대방과의 마찰을 야기한다. 우리나라 제2의 무역국인 미국은 2016년부터 반기 주기로 환율보고서를 발간하고 환율조작국을 발표하고 있다. 환율조작국에 지정될 경우 각종 무역 제재뿐만 아니라 미국 기업이 우리나라에 투자하거나 미국에서 우리 기업의 자금 조달이 금지되는 등 투자 제재가 발동된다.

   2008년 미국은 리먼발 글로벌 금융위기를 극복하고자 제로금리 및 양적완화를 단행해 달러화를 장기 약세 국면으로 이끌어 경기 부양에 성공했었다. 이는 2014년 양적완화를 종료하고 금리 정상화에 다가가면서 나타날 달러 강세의 부작용을 억제하려는 의도 때문이다. 그래서 현재 외환당국은 환율조작국으로 지정되지 않기 위해 변동성 완화 또는 투기세력에 의한 지나친 쏠림 방지 등의 명분이 있는 최소한의 개입만 지향하고 있다.

여기서 환율보고서에 대해 잠깐 살펴보면 미국은 2016년 4월 BHC(Bennet-Hatch-Carper) 수정법안에 근거해 처음 환율보고서를 발행했다. BHC 수정법안에서는 '대미 무역 흑자 200억 달러 초과, 국내총생산(GDP) 대비 경상 흑자 3% 초과, GDP 대비 달러 순매수 비중 2% 초과' 조건을 충족하는 교역국에 대해 심층분석대상국(환율조작국)으로 지정하고 직접적인 제재를 가하도록 되어 있다. 또한 2개 조건만을 충족하는 교역국에 대해서도 관찰대상국으로 지정해 향후 시장 개입 동향을 모니터링하는데, 연중 4월, 10월에 발표하며 2018년 현재 우리나라를 비롯해 중국과 일본·독일·스위스·인도가 관찰대상국에 지정되어 있다.

외환보유고가
가지는 의미

지난 1997년 IMF 외환위기와 2008년 리먼발 글로벌 금융위기 때 시장에 나타났던 공통 현상은 무엇일까? 안전자산 선호에 따라 달

달러원 환율과 외환보유액 추이

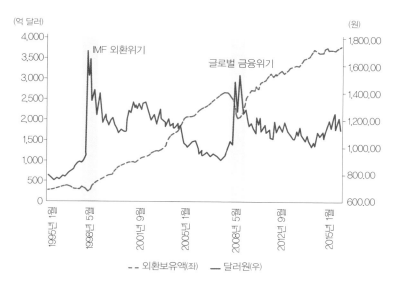

외환보유액 상위 10개국

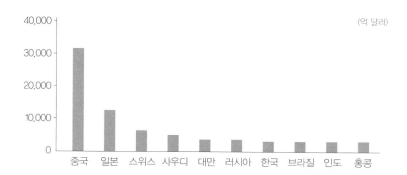

러화 가치가 급등하고, 시중 달러 조달금리가 크게 상승했다는 점이다. 달러 조달금리와 함께 환율이 급등하면 외채를 가지고 있던 국내 기업과 금융기관의 이자비용과 환차손이 눈덩이처럼 불어나게 된다. 또한 금융위기와 같은 글로벌 충격에는 만기가 도래하는 단기외채의 대출 연장이 어려워질 수 있어 이 경우 기업과 금융기관 등 경제 주체들은 큰 혼란에 빠질 수 있다. 이때 한국은행은 외환보유고를 이용해 시장의 달러 실수요자에게 외환을 공급해 유동성 경색을 해소하고 비정상적인 달러 조달금리와 환율을 안정시키는 역할을 한다.

두 차례의 금융위기에서 다른 점은 1997년에는 2008년과 달리 외환보유고를 충분히 가지고 있지 않았다는 점이다. 국내 외환시장에서 달러를 구할 수 없으니 IMF에 차관을 요청하고 국제시장에서 달러와 태환되는 금을 긁어모아 달러화를 조달했다. 다행히 1997년 IMF 외환위기를 이겨내면서 우리에게는 학습 효과가 생겼다. 1997년 이후 한국은행은 외환위기와 같은 외부 충격에 대응하고자 외환보유고를 확충하기 시작했고, 2019년 기준 우리나라 외환보유액은 약 4천억 달러로 사상 최고 수준이다. 이는 세계 8위 수준으로 1997년 외환위기 당시 IMF에 차관했던 200억 달러를 훌쩍 넘는 수준이다.

외환보유고가 많다는 것은 예기치 못한 대외 충격에 환율이 폭등하더라도 외화 유동성을 해결할 수 있는 여력이 크다는 것을 의미한다. 실제로 2008년 리먼발 글로벌 금융위기 때는 1997년 IMF 외환위기 때에 비해 10여 배의 외환보유액을 보유하고 있었고, 환율 폭등 당시 비교적 신속하게 유동성 공급을 단행해 정상적 시장 상태로 빠르게 회복할 수 있었다.

핵심 포인트

당국의 외환시장 개입의 목적은 변동성 완화다. 개입은 '구두개입'과 '실 개입'으로 나눌 수 있는데 실개입은 비공개 실행이 원칙이다. 다만 환율 의 레벨과 대내외 분위기를 통해 시장에서 추정할 수는 있다. 실개입은 추세 방향으로 유입되는 매수·매도 매물을 상쇄하는 수준의 '스무딩오퍼 레이션'과 시장 참가자들의 투기성 플레이에 경고를 보내는 고강도 개입 으로 나눌 수 있다.

시장 개입을 통한 자국통화 약세 유도는 교역 마찰을 유발한다. 미국은 시장 개입으로 자국통화 약세를 유도하는 국가들을 '환율조작국'으로 지 정하고 있다. 환율조작국으로 지정되면 무역과 투자 측면에서 각종 제재 를 받게 된다. 금융위기 때와 같은 비정상적 금융시장에서는 달러 가치 (시장금리)가 급등해 외화 유동성 위험에 처할 수 있다. 이러한 상황에 대 비해 중앙은행은 주요 통화들을 외환보유고 계정에 예치하고 있다.

환율 변동 요인을
확인할 수 있는 사이트

통화정책과 경제지표, 당국의 입장 등 주요 환율 변동 요인은 외환당국 및 금융기관의 홈페이지 등을 통해 쉽게 찾을 수 있다.

향후 환율 전망을 위해서는 환율에 영향을 줄 수 있는 요인들을 반드시 알아야 하는데, 앞서 언급했던 주요국들의 경제지표와 통화정책회의 일정을 비롯해 여러 사회·경제·정치적 이벤트들까지 하나하나 찾기란 여간 귀찮은 일이 아니다. 시장 분위기를 판단하기도 바빠 '이런 건 누가 정리해주면 좋지 않을까?'라는 생각이 들기 마련이다.

다행히 여러 금융사와 언론사 등에서 주간·월간 단위로 지표와 이벤트들의 스케줄을 정리해서 제공해주고 있다. 특히 대외 요인

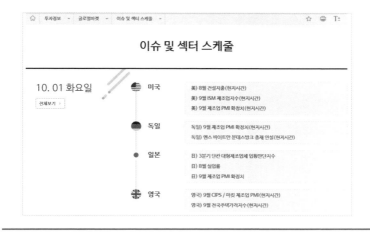

이슈 및 섹터 스케줄

10. 01 화요일
전체보기 →

미국
美) 8월 건설지출(현지시간)
美) 9월 ISM 제조업지수(현지시간)
美) 9월 제조업 PMI 확정치(현지시간)

독일
독일) 9월 제조업 PMI 확정치(현지시간)
독일) 옌스 바이트만 분데스방크 총재 연설(현지시간)

일본
日) 3분기 단칸 대형제조업체 업황판단지수
日) 8월 실업률
日) 9월 제조업 PMI 확정치

영국
영국) 9월 CIPS / 마킷 제조업 PMI(현지시간)
영국) 9월 전국주택가격지수(현지시간)

신한은행이 제공하는 경제·금융 스케줄 정보

에 의해 가격이 변동되는 지수·외환·원자재 등의 금융상품을 다루는 증권사나 선물사 등에서는 거래를 위한 정보 서비스로 비교적 양질의 정보를 잘 정리해 제공하는 중이다.

주요국들의 지표나 통화정책 등의 발표를 앞두고 블룸버그, 로이터, 인포맥스 등 대형 매체들은 시장 전문가들의 일치된 의견을 조사해 예상 수치와 결과를 공개한다. 우리는 이전 수치와 예상치를 통해 각 이벤트에 대한 시장 기대를 파악하고, 향후 결과에 따른 환율 변동 시나리오를 생각해야 한다. 보통은 금융사 홈페이지의 투자 정보나 리서치 등의 메뉴에서 공개하고 있으니 참고하면 된다.

중장기 통화의 방향을
제시하는 한국은행

한 나라의 통화정책을 집행하는 중앙은행은 경제와 환율에 관련된 폭넓은 조사와 연구를 시행하고 있다. 우리나라 역시 예외는 아니다. 한국은행은 홈페이지를 통해 글로벌 주요국들의 경제 상황과 우리나라 국제수지, 거주자 외화예금, 외환보유액, 국제투자대조표(해외투자 및 외국인 투자) 등 외화 수급과 관련된 내용을 매월 발표한다. 또한 한 달에 한 번 있는 통화정책회의를 통해 향후 중앙은행의 통화 운용 방향을 공개한다. 그리고 분기별로는 달러원 환율의 추이와 변동 원인, 국내 기업 선물환거래 동향과 역외 NDF거래 움

한국은행 사이트 내 보도자료 섹션. 한국은행은 보도자료를 통해 유의미한 자료를 제공한다.

직임 변화 등의 외환시장 동향을 공개한다. 이 내용들은 모두 한국은행 사이트 내 보도자료 섹션에 게시된다.

해당 자료들은 사실 당장의 단기 환율을 예측하는 자료로 쓰기에는 다소 후행한다. 하지만 현재의 환율 추세와 레벨을 만든 요인과 배경을 파악하는 데는 아주 중요하다. 반복되는 환율의 역사 속에서 현재 환율이 어느 정도 수준에 있는지 파악하는 일은 향후 환율을 전망하는 데 있어서 없어서는 안 될 매우 중요한 과정이다.

① 외환시장 동향

최근 달러원 환율의 추이와 변동 원인, 여타통화 대비 변동률 비교, 일중 변동성과 거래량, 국내 기업의 선물환거래 동향, 비거주자의 NDF거래 동향 등 중요한 환율 정보를 제공한다(분기별 제공).

② 최근 국내외 경제 전망

미국과 유로존·중국·일본 등 주요국 경제 동향에 대해 간략하게 브리핑한다. GDP 성장률과 고용(미국)·소비·생산·투자·수출 증가율 등 펀더멘털 지표 동향을 통해 주요국 국가가 확장 국면인지 위축 국면인지 파악할 수 있다. 일반적으로 지표가 부진한 추세라면 해당국 통화가 추가 약세를 보일 것으로 전망할 수 있다. 또한 국내 경제 동향을 내수와 대외거래, 생산과 고용··물가 등의 지표로 확인할 수 있다.

③외환보유액

금융위기 시 외화 유동성 부족 위험에 대비하기 위해 한국은행이 보유하고 있는 외화계정의 추이와 변동 등의 내용을 담고 있다. 외환보유액이 증가하면 외부 충격에 대한 환율 급등을 제어할 수 있는 여력을 보여주는 것이지만, 지나치게 많으면 관리비용 증가로 보유 효율성이 떨어질 수 있다. 이미 외환보유액이 충분한 수준이라면 증감에 따라 환율에 미치는 영향은 거의 없다.

④국제수지

외환 수급의 근간이 되는 경상수지와 금융계정 및 자본수지의 변화를 보여준다. 특히 수출입의 증감으로 무역수지의 질을 유추할 수 있고, 내국인과 외국인의 해외투자·증권투자를 통해 내외 간 외화의 흐름을 파악할 수 있다. 일반적으로 무역수지의 증가는 달러원 환율 하락 압력이지만, 수출입 감소로 무역수지가 증가하는 불황형 흑자는 경제성장 측면에서 부정적으로 해석되어 환율 상승 재료가 될 수 있으므로 주의해야 한다.

⑤거주자 외화예금

국내 은행 및 외은 지점에 내국인과 국내에 6개월 이상 거주한 외국인 및 외국 기업들의 국내 외화예금, 즉 거주자들의 외화예금을 기업과 개인으로 나누어 게시한다. 증감 추세로 시장 참가자들의 환율 변동에 대한 기대심리를 추정할 수 있다.

⑥통화정책 방향

금융통화위원회의 회의 이후 금리 결정 배경에 대해 설명한 자료, 즉 대외 경제 여건과 국내 실물경기, 물가와 금융시장 등에 대해 평가한다. 그리고 향후 통화정책 방향을 제시한다. 직전 자료와의 비교를 통해 향후 통화정책 변화를 예상할 수 있다.

한국은행 경제통계시스템(ECOS ; Economic Statistics System)은 우리나라와 미국·유로존·중국·일본 등 주요국들의 주가지수·금리·환율을 비롯한 경상수지·물가·고용 등의 경제지표 통계자료를 제공한다.

금융감독원의 외국인
자금 유출입 모니터링

금융감독원은 일간·월간 외국인 증권투자 동향을 보기 좋게 정리해 제공한다. 먼저 금융감독원 홈페이지 알림·소식 섹션의 '금융시장속보'에서는 매일 국내 금융시장의 주가·시장금리·환율 변화와 외국인 주식·채권·순매수 동향, 그리고 해외 주요국의 증시·시장

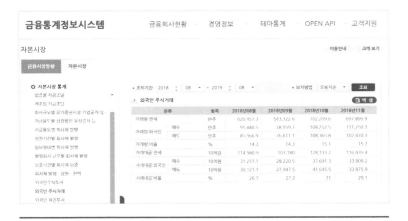

금융감독원 금융통계정보시스템 화면. 주요 지표들을 통계 데이터로 제공한다.

금리·유가 등의 변동 내역을 보여준다.

매월 초중순경 보도자료 섹션에 공개되는 '외국인 증권투자 동향'에서는 전월 외국인의 상장주식과 채권의 순투자 동향을 담고 있다. 주요 국가와 지역별 자금 유출입, 추이 등을 월별로 정리해 외국인 자금 유출입 흐름을 파악할 수 있다. 외국인의 자금 이탈 조짐이 보이면 환율 상승이 동반될 것이다.

한편 금융감독원 금융통계정보시스템에서는 사이트에 게시된 주요 지표들을 통계 데이터로 제공한다. 주요국들의 주가, 금리, 환율, CDS 프리미엄, 주식·채권시장 외국인투자 동향 등의 데이터를 엑셀로 받거나 차트로 볼 수 있다.

| 4장 |

환율의 향방을
읽어라

시장에서 나름 유명한 제도권의 애널리스트 몇 명이 복잡한 학문적 이론과 실증적 분석방법으로 무장해 방향과 변동폭을 제시하면 정보의 수취자들은 도출된 결론을 과신하고는 한다. 하지만 늘 그렇듯이 시장은 전망대로만 흘러가지 않는다. 전망에 의존한 대응이 때로는 재앙이 될 수 있음을 우리는 매년 충분히 경험했다. 이제 나 자신이 주체가 되어야 한다. 틀려도 본인이 틀려야 덜 억울하지 않을까?

모든 재료가
녹아 있는 차트

인간에게 필요한 모든 영양소를 갖춘 음식이 '완전식품'이라면 환율을 움직이는
모든 재료와 투자심리를 반영한 도구는 '차트'다.

지금까지 다루었던 내용들을 실생활에서 일일이 모두 모니터
링하고 분석할 수 있을까? 사실 환율 전망과 거래 전략을 직업으로
삼고 있는 필자조차 모든 요인을 핸들링하기란 쉽지 않다. 행여나
독자 중 관련 업무를 학업 중이거나 기업의 재무·자금 쪽에 종사
하는 현업자라면 더욱 여의치 않을 것이다. 하지만 다른 건 다 놓
쳐도 반드시 봐야 하는 것이 하나 있다. 바로 '차트'다.

만약 외환시장에 투기세력이 존재하지 않고 전 세계 모든 외화
의 수급과 경제·금융 변동 요인이 실시간으로 모니터링되고, 컴퓨

터에 의해 계산되어 적정 환율이 산출된다면 어떨까? 아마 환율의 급격한 변동과 쏠림은 발생하지 않을 것이다. 하지만 실제로 외환의 모든 수요와 공급이 실시간으로 추적되는 시스템은 존재하지 않는다. 수많은 재료들이 시장 참가자들의 심리와 결합되면서 각기 다른 반응의 강도를 이끌어내기 때문이다.

종종 지금 당장 펀더멘털이나 수급에 영향을 미칠 재료가 아닌데 기대심리를 자극해 먼저 환율을 움직이기도 하고, 환율에 영향을 줄 만한 재료라도 선반영되었다는 생각에 별 영향을 미치지 못하기도 한다. 심리가 재료를 지배하기 때문에 그렇다. 따라서 우리는 재료뿐만 아니라 그것을 해석하는 시장심리를 함께 봐야 한다.

사람마다 각기 다른 방법이 있겠지만 가장 쉬우면서도 많은 사람들이 참고하는 자료가 바로 차트다. 차트는 시장의 모든 재료와 참가자들의 심리가 녹아 있는 요약정리본이기 때문이다.

차트로 시작해
차트로 끝난다

간혹 차트를 보지 않고 동물적인 감각으로 환율을 전망하는 사람이 있다. 마치 절대음감의 숙련된 연주자와도 같다. 이들은 시장에서 여러 재료들이 동시다발적으로 환율에 영향을 미칠 때 이를 인지해 분석하고 향후 환율의 방향과 레벨을 예상한다. 문제는 이런 감각이 선천적인 부분도 있겠지만 대부분 수많은 경험과 시행착오가 선행되었기 때문에 가능하다는 것이다. 때로는 수십 년간 환율의 방향을 치열하게 고민했던 수출입 기업 오너의 감각이 수년간의 경험을 가진 외환딜러보다 정확할 때가 있는 것처럼 말이다.

하지만 처음 환율을 접하는 사람이나 경험이 짧은 사람의 경우 환율 변동 요인들과 반응폭이 머릿속에 함께 계산되기란 쉽지 않다. 그렇기 때문에 우리는 차트의 도움이 필요하다. 현재의 환율이 중장기 평균과 비교해 어느 레벨에 있는지, 그리고 과거에 비슷한 재료와 이벤트로 환율이 어느 레벨까지 올라갔는지를 차트로 먼저 확인해야 한다. 그래야만 향후 예정된 이벤트와 이슈, 재료들이 현 상황에서 얼마나 영향력을 발휘할지 가늠할 수 있다. 환율을 모니터링하거나 예측하기 위해서는 늘 차트와 함께해야 한다.

핵심 포인트

차트는 외환시장의 모든 재료와 시장 참가자들의 심리가 녹아 있는 요약 정리본이다. 환율 동향 파악, 전망 분석 등 모든 과정에서 차트의 활용은 필수적이다.

꼭 알아야 할 추세선, 지지저항선, 이동평균선

운전과 차트의 공통점은 처음에는 누구나 다 어렵지만 익숙해지면 숨쉬는 것처럼 쉬워진다는 것이다.

흔히 펀더멘털 분석을 기본적 분석이라 부르고, 차트 분석을 기술적 분석이라 부른다. 기본적 분석에 분석자의 주관적 판단이 개입되듯이 기술적 분석 또한 분석자의 주관적 판단이 개입된다. 하지만 기술적 분석에 있어서 환율 변동을 표현하는 방식이나 보조 분석도구는 비교적 표준화되어 있다.

차트를 제공하는 여러 서비스 회사들은 대부분 거의 비슷한 차트와 보조 분석도구를 제공하고 있다. 따라서 시장 참가자들이 차트를 보고 있다면 대부분 동일한 환율의 표현을 보고 있다고 생각하면 된다. 국내외 기관투자자들부터 소규모 개인거래자에 이르기까지 시장 참가자들은 보통 차트를 기반으로 환율의 추세와 대내외 재료의 영향력을 이야기한다. 오르면 어디까지 오를 것인지(저항선이 어디인지), 내리면 어디까지 내릴 것인지(지지선이 어디인지), 추세 전환을 이야기할 때도, 조정을 이야기할 때도 그들 곁에는 늘 차트가 있다.

어렵지만 반드시
알아야 하는 차트

하지만 차트는 처음 접하거나 자주 보지 않았던 사람에게는 보기만 해도 답답한 존재다. 빨간색과 파란색의 직사각형, 여러 복잡한 선들이 빼곡하다. 시중에 나와 있는 기술적 분석 서적을 보더라도 대부분 주식에 적용한 내용이고 분석도구 또한 수십 가지에 달한다. 필자 또한 여러 기술적 분석 서적을 보고 실무에 적용해보았지만 실무에 응용하기 좋았던 지표는 많지 않았다. 복잡할수록 거짓 신호들이 많이 나타나는 법이다

이번 파트에선 환율 차트 분석에 있어 꼭 필요한 내용만을 소개하려고 한다. 아마도 가장 기본적인 내용임과 동시에 외환실무에서 가장 널리 쓰이는 핵심내용이라 생각한다.

캔들이란
무엇인가?

주식이나 환율에 관심 있는 사람이라면 '캔들(봉)차트'를 본 적이 있을 것이다. 명칭이나 보는 방법은 몰라도 모양 정도는 알 것이다. 캔들이라 함은 차트를 이루는 각각의 빨간색과 파란색 막대기를 뜻한다. 이름처럼 양초를 닮았다. 이 각각의 캔들이 환율의 방향과 매수·매도 세력의 강도를 나타내고, 이것들이 모여 추세를 형성하게 된다.

먼저 캔들의 색깔이 가지는 의미에 대해 살펴보자. 캔들은 빨간색과 파란색이 있다. 빨간색을 '양봉(+)'이라 하고, 파란색을 '음봉(-)'이라고 한다. 캔들 하나를 하루로 볼 때 빨간색은 환율이 시작한 가격(시가)보다 종료한 가격(종가)이 높았음을 의미한다. 파란색은 환율이 시작한 가격보다 종료한 가격이 낮았음을 의미한다. 이 빨갛고 파란 몸통의 길이로 하루의 환율 상승·하락폭을 확인할 수

양봉과 음봉 캔들

09:00
시작가격
(1,100원)

15:30
종료가격
(1,110원)

09:00
시작가격
(1,100원)

15:30
종료가격
(1,090원)

→ 10원 상승(양봉)　　　　→ 10원 하락(음봉)

있는 것이다.

빨간색과 파란색 캔들 위아래에 선(꼬리)을 그으면 하루 동안의 고(高)가격와 저(低)가격을 나타낼 수 있다. 만약 1,100원에서 1,110원으로 10원 상승해 양봉으로 마감했는데 캔들의 위 꼬리가 2원만큼 올라가 있으면 장중 1,112원까지 올라갔다가 2원 내린 1,110원에서 마감했다는 뜻이다. 아래 꼬리가 1,098원까지 내려갔으면 1,100원에서 시작해 장중 1,098원까지 내려간 적이 있다는 뜻이다.

그렇다면 위 꼬리와 아래 꼬리 중 하나만 있는 것은 어떻게 해석해야 할까? 만약 양봉에서 위 꼬리가 없다면 환율이 종가보다 더 높이 올라간 적이 없다는 의미다. 즉 종가가 고가였다는 뜻이다. 반대로 아래 꼬리가 없다면 시가보다 낮게 내려간 적이 없다는 의미로, 시가가 저가였다는 뜻이다. 만약 위 꼬리와 아래 꼬리가 모두 없다면 시가는 저가이고, 종가는 고가라는 의미다.

캔들의 위 꼬리와 아래 꼬리

캔들
해석하기

캔들 하나하나는 나름의 스토리를 가지고 있다. 시장은 하루 동안의 대내외 이슈와 이벤트, 수급적 요인들을 모두 환율에 반영해 시가와 종가, 고가와 저가를 만들어낸다. 따라서 형성된 하나의 캔들

긴 몸통형 캔들

을 보면 수요와 공급이 어떠한 전투를 벌였는지 상상할 수 있다. 중요한 점은 캔들의 형태가 하나하나 모여 추세를 형성한다는 것이다. 캔들의 특정 형태는 추세를 강화시키기도 하고, 추세 변화의 힌트를 보여주기도 한다. 우리는 이를 포착해 미래 환율을 추정하는 데 참고자료로 써야 한다.

긴 몸통형 캔들의 경우 장 시작부터 장 마감까지 매수·매도 중

짧은 몸통형(팽이형) 캔들

어느 한 세력이 압도적 우위를 보이는 장세다. 장중 등락은 있겠으나 강한 매수세는 장 끝까지 고점을 끌어올렸다. 이러한 캔들을 만들 만큼 재료가 강하다면 보통 향후에도 추가 상승세를 이어가는 경우가 많다. 만약 여기에 짧은 위아래 꼬리가 달리더라도 의미는 비슷하게 볼 수 있다.

짧은 몸통형(팽이형) 캔들은 장중 매수·매도 세력이 비교적 팽팽한 균형을 이루는 상태다. 하락 추세에서 붉은색의 짧은 몸통형이 나왔을 때는 시가보다 높은 레벨까지 끌어올릴 정도로 아래에 대기한 매수세가 있다는 뜻이고, 상승 추세에서 청색의 짧은 몸통형이 나왔을 때는 시가보다 낮은 레벨까지 끌어내릴 정도로 위에 대기한 매도세가 있다는 뜻이다. 한편 시가와 종가가 같은 때는 십자가 형태를 보이기도 하는데, 매수와 매도가 완전한 균형을 이루었다는 뜻이다. 십자형은 추세가 꺾일 때 자주 등장한다.

위 긴 꼬리형(유성형) 캔들은 장중 매수 세력이 우세해 상승 시도가 있었으나 대기 매도세가 유입되면서 상승폭이 축소한 형태다. 음봉인 경우 대기 매도 세력이 매수 세력을 압도할 만큼 강한 상태이며, 양봉인 경우 대기 매도세가 강하긴 했지만 매수세를 압도하지 못한 상황이다. 만약 상승 추세에서 이러한 위 긴 꼬리형이 나타날 경우 그만큼 매도 매물이 많이 대기해 있다는 뜻이다. 추가 상승이 쉽지 않거나 하락 전환을 의심할 수 있으며, 만약 하락 추세에서 반등 재료가 나왔는데 위 긴 꼬리형이 나왔을 경우에는 반

등 재료가 힘이 약하기 때문에 기존 하락 추세가 지속된다는 의미
로 해석할 수 있다.

　아래 긴 꼬리형(교수형) 캔들은 장중 매도 세력이 우세해 하락 시
도가 있었으나 대기 매수세가 유입되며 하락폭을 축소해 마감한
형태다. 양봉인 경우 대기 매수 세력이 매도 세력을 압도할 만큼
강한 상태이며, 음봉인 경우 대기 매수세가 강하긴 했지만 매도세

위 긴 꼬리형(유성형) 캔들

를 압도하지는 못한 상황이다. 만약 하락 추세에서 이러한 아래 긴 꼬리형이 나타날 경우 그만큼 매수·매물이 많이 대기해 있다는 뜻이다. 추가 하락이 쉽지 않거나 추세 상승 전환을 의심할 수 있으며, 만약 상승 추세에서 반락 재료가 나왔는데 아래 긴 꼬리형이 나왔을 경우에는 반락 재료가 일시적이고 힘이 약하기 때문에 기존 상승 추세가 지속된다는 해석이 가능하다.

아래 긴 꼬리형(교수형) 캔들

캔들의 몸통과 꼬리의 형태는 매수·매도 세력의 강도를 보여준다. 상승 추세에서는 시가보다 종가가 높은 빨간 몸통이 많고 차익 매물(매도세)이 나오더라도 끌어올리는 힘이 강하니 아래 꼬리가 길게 형성된다. 반면 하락 추세에서는 시가보다 종가가 낮은 파란 몸통이 많고 차익 매물(매수세)이 유입되어도 끌어내리는 힘이 강하니 위 꼬리가 길어지게 된다.

백문이 불여일견이다. 여러 가지 캔들 형태를 직접 살펴보자. 각각의 캔들에 명칭이 있지만 굳이 다 외울 필요는 없다. 캔들의 형태를 보고 매수·매도 세력의 강도만 이해하면 된다.

환율의 추세를
추세선으로 파악하기

캔들로 하루의 강도를 측정한다면, 캔들이 모여 만든 추세선은 환율이 상승하는지 하락하는지 가늠하는 척도가 된다. 추세선을 그어 상승 추세가 만들어지면 1차적으로 환율은 더 상승하고, 반대로 하락 추세면 환율은 더 하락한다고 보아야 한다. 추세선은 상승 추세에서는 캔들의 하단을 직선으로 이어서 만들고, 하락 추세에서는 캔들의 상단을 이어서 만든다.

상승 추세 형성 과정에서는 환율 상승에 따라 매도 매물이 꾸준

상승 추세선 차트. 상승 추세에서는 캔들의 하단을 직선으로 이어서 추세선을 만든다.

하락 추세선 차트. 하락 추세에서는 캔들의 상단을 직선으로 이어서 추세선을 만든다.

히 유입되는데, 매수 세력은 이러한 매물을 극복하고 환율을 끌어올리므로 아래에서 받치는 매수 세력의 강도가 중요하다. 그렇기 때문에 추세선을 그을 때는 매수 세력이 유입되는 캔들의 하단을 연결한다. 반면 하락 추세에서는 환율 하락에 따른 매수세가 꾸준히 유입되는데, 매도 세력은 이러한 매물을 극복하고 환율을 끌어내리므로 상단을 누르는 매도 세력의 강도가 중요하다. 따라서 하락 추세선은 매도 매물이 유입되는 캔들의 상단을 연결해 만든다.

추세선 이탈과
추세 전환 신호

만약 캔들이 상승 추세선이나 하락 추세선을 이탈하면 추세 전환을 의심해봐야 한다. 특히 추세가 장기간 이어졌을 때는 추세 반전 시 투기세력이 가세할 가능성이 높기 때문에 반발력이 클 수 있다. 따라서 해당 상황에서는 변동성 확대를 염두에 두는 게 좋다.

하지만 추세선이 이탈되었다고 해서 반드시 추세 전환을 의미하는 것은 아니다. 간혹 추세선을 잠시 이탈했다가 다시 기존 추세로 복귀하는 경우도 있기 때문이다. 따라서 최소한 3거래일 정도는 추세를 이탈한 상태가 계속 이어져야 추세 전환 가능성이 높다고 할 수 있다.

지지선과 저항선
파악하기

환율의 방향을 추세선으로 파악했다면, 이제는 어디까지 오르내릴 것인지 판단하는 것이 관건이다. "만약 현재 환율이 상승 추세라면 어디까지 오를까?", "하락 추세라면 어디까지 내릴까?", "상승 추세를 이탈했다면 어디까지 내릴까?", "하락 추세를 이탈했다면 어디까지 오를까?" 이 질문에 대한 명확한 답을 내놓을 수는 없지만 우리는 과거 데이터를 기준으로 추정해볼 수는 있다.

시장 참가자들은 대체로 최근의 고점·저점 환율과 당시 상황을 가장 잘 기억한다. 가령 현재 환율이 1,100원이고 상승 추세에 있다면, 현재보다 높으면서 가장 최근에 고점을 형성했던 환율과 당시 상황을 현 상황과 오버랩해 비교할 수 있다. 만약 당시 상황보다 현 상황이 압도적으로 상승 재료의 양과 강도가 강하다면, 환율은 최근 고점을 훌쩍 뛰어넘을 것이다. 하지만 만약 재료의 양과 강도가 비슷하거나 약하다면 환율은 최근 고점을 뚫지 못하고 반락할 것이라고 추정할 수 있다. 가장 최근의 고점, 즉 전(前)고점이 저항선으로 작용하는 순간이다.

반대로 생각해보자. 환율이 만약 하락 추세에 있다면 시장 참가자들은 가장 최근의 저점 상황과 비교할 것이다. 당시 상황과 비교해 압도적으로 하락 재료의 양과 강도가 강하지 않다면 전저점을 뚫지 못하고 반등할 것이라고 판단할 수 있다.

만약 전고점을 상회하거나 전저점을 하회한다면 어떻게 될까? 그때는 전전고점과 전전저점의 상황과 비교하게 될 것이다. 하지만 당시 상황과 보다 정확한 비교를 하기에는 시간의 갭이 크기 때문에 신뢰도는 최근의 고점과 저점보다 다소 떨어진다.

현재 환율이 1,000원이라고 할 때 어떤 느낌이 들까? 1,200원이라고 할 때는 또 어떤 느낌이 들까? 아마 전자는 상당히 낮은 환율, 후자는 상당히 높은 환율이라는 생각이 들지 않을까? 만약 이러한 생각이 기저에 깔린 채 "현재 환율이 1,180원이고 상승 추세면 환율은 어느 정도에서 저항을 받을까?"라는 질문을 받는다면 어떻게 생각하게 될까? '1,200원선 정도에서 한 번쯤은 막힐 것 같다.'라고 어림짐작하게 될 것이다.

"얼마까지 내려가면 살 의향이 있는가?" 또는 "얼마까지 올라가면 팔 것인가?"라고 물을 때도 마찬가지다. 아마 시장 상황에 따라 기꺼이 사고팔 의향이 있는 레벨이 있을 것이다.

실제로 환율은 이처럼 시장 참가자들의 기대심리 속에 스스로 지지선과 저항선을 만들어낸다. 이러한 특정 레벨을 '심리적 지지선' 또는 '심리적 저항선'이라고 한다. 심리적 지지선과 심리적 저항선은 차트에서 확인할 수 있는 지지선이나 저항선과 레벨이 다를 수도 있다. 만약 전고점이 1,180원이나 1,220원이라도 심리적 저항선은 1,200원이 될 수 있는 것이다.

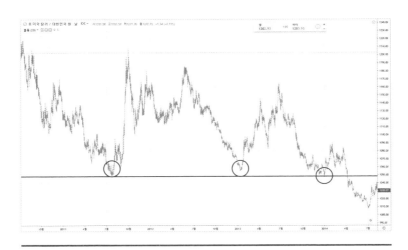

2011년 7월 1,050원선이 막힌 이후 2013년 1월과 2014년 1월 두 차례에 걸쳐 1,050원선은
지지선으로 작용했다

2015년 5월 기준으로 저항선을 설정한다면 1차 저항은 2013년 6월 1,163원, 2차 저항선은
2012년 6월 1,186원, 3차 저항은 2011년 10월 1,208원이 될 것이다.

심리적 지지선과 심리적 저항선은 주로 1,000원, 1,200원 이렇게 100원 단위로 설정된다. 이를 빅피겨(big figure)라고도 한다. 그러나 시장 상황에 따라 시장 참가자들이 느끼는 저점과 고점으로도 형성된다. 만약 1,030원에서 당국의 강력한 매수 개입이 나와 하단을 틀어막으면 심리적 지지선이 1,030원으로 설정될 수 있다. 또한 앞서 설명한 전저점과 전고점도 일종의 심리적 지지선과 저항선이라 할 수 있겠다.

한편 1,100원선은 역사적으로 특별한 심리적 지지선·저항선으로 작용하지 않았다. 이는 2008년 글로벌 금융위기 이후 장기 평균 환율이 약 1,120원이었기 때문이다. 빅피겨임에도 시장 참가자들의 뇌리에 평균 근처라는 인식이 있는 것이다. 우리는 환율이 평균을 중심으로 등락함을 앞서 확인했다.

이동평균선이란
무엇인가?

'이동평균선(이평선)'은 최근 일정 기간 동안의 평균 환율을 선으로 이은 것이다. 매일 환율이 변하니 평균 환율이 변하고, 평균선도 변하면서 끊임없이 움직인다. 그래서 이동평균선이다. 한 달에 토요일과 일요일을 빼고 20일간 외환시장이 열리니 '20일 이동평균선'

이라고 하면 최근 한 달 환율의 평균을 의미하고, 60일이라고 하면 최근 3달(분기)의 환율을, 120일이라고 하면 최근 6개월(반기)의 환율을 뜻한다.

또한 이동평균선은 기업 외환거래의 기준이 되기도 한다. 추세가 상승이면 현재 환율은 월평균(20일선), 분기평균(60일선) 위에 있을 것이다. 만약 기업이 결제할 외화가 있다면 환율이 잠시 조정(하락)을 보여 월평균 또는 분기평균에 근접할 때 외화를 매입하게 된다. 20일선, 60일선이 지지선으로 작용하는 순간이다. 반면 추세가 하락이면 현재 환율은 월평균, 분기평균 환율 아래에 있을 것이고, 환율이 하락 추세에 있다가 잠시 조정(상승)을 보여 월평균, 분기평균에 근접했을 때 미처 팔지 못한 보유 외화를 처분하려 할 것이다.

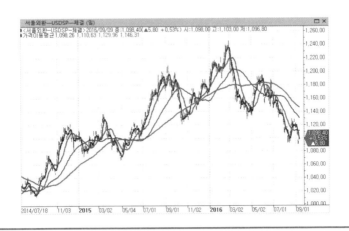

환율 상승기에는 이동평균선이 지지선으로 작용하고, 환율 하락기에는 저항선으로 작용한다.

늦게나마 외화를 평균가에 처분할 수 있는 좋은 기회로 여기기 때문인데, 이 역시 20일선, 60일선이 저항선으로 작용하는 순간이다.

이처럼 이동평균선은 추세선과 함께 지지선 또는 저항선으로 작용한다. 때문에 실제 실무에서는 기업, 개인뿐만 아니라 외환딜러와 역외세력에 이르기까지 대부분의 시장 참가자들이 이동평균선을 매매의 참고지표로 사용하고 있다. 외환시장에서 이동평균선은 보통 20·60·120일선과 52주(1년)선이 의미를 가진다.

핵심 포인트

'캔들'은 매수·매도 세력의 강도를 나타낸 차트의 기본 구성요소다. 캔들이 모여 차트와 추세를 형성한다. 우리는 캔들의 형태를 통해 매수·매도의 세력 다툼을 이해할 수 있다. 차트에 추세선을 그어 환율의 추세를 파악한다. '상승 추세선'은 캔들의 아래를 그어 만들고, 하락 추세선은 캔들의 상단을 그어 만든다. '지지선'과 '저항선'은 전저점과 전고점, 그리고 이동평균선을 이용해 설정할 수 있다.

환율 상승과 하락의
재료는 무엇인가?

어제의 적이 오늘의 아군이 되듯이 환율을 움직이는 재료는 때에 따라 상승 또는
하락의 재료로 작용하기도 한다.

차트를 통해 환율의 추세와 지지선·저항선을 찾았다면 다음
으로 할 일은 대내외 상승과 하락 재료를 분석해 추세가 언제까지
이어질지 가늠하는 것이다. 추세는 재료의 강도와 이를 받아들이
는 시장심리에 따라 지속 여부가 좌우된다.

언제, 어디까지 오르내릴지는 나중 문제다. 우선 재료를 찾아 상
승 재료인지 하락 재료인지 성향을 파악하고, 기존 추세를 끌고갈
힘이 있는지부터 가늠해야 한다. 만약 현재 환율이 상승 추세에 있
고 상승 재료가 우위에 있지만 향후 강력한 하락 재료가 대기해 있

다면 추세의 전환 가능성을 염두에 두어야 한다.

재료는 당장 오늘 밤 발표될 경제지표가 될 수도 있고, 2주 후에 열릴 통화정책회의가 될 수도 있고, 잠재적인 정치·사회 이슈나 수급적 요인이 될 수도 있다. 재료의 강도는 시시각각 변할 뿐만 아니라 시간의 변화에 따라 끊임없이 생산되고 소멸된다. 그렇기 때문에 환율을 예측하기 위해서는 계속해서 관심을 가지고 이들을 추적해야 한다.

동전의 양면과 같은
재료의 속성

문제는 이러한 재료들이 동전의 양면처럼 상승 재료로 작용할 때도 있고, 하락 재료로 작용할 때도 있다는 것이다. 예를 들면 '미국 금리 인상'이라는 사실 자체는 달러 강세 재료다. 하지만 시장 참가자들이 미국이 금리를 인상할 정도로 글로벌 경제 상황이 좋다고 생각한다면 금리 인상이 오히려 위험자산 선호심리를 자극해 달러 약세와 신흥국 통화 강세를 이끌 수도 있다. 그리고 미국의 경제지표 부진은 미국 금리 인상 기대감을 약화시켜 달러 약세 압력을 넣기도 하고, 경기 둔화 우려를 부각시켜 안전자산 선호심리와 함께 달러 강세를 견인하기도 한다.

상승 · 하락 재료 나누기 예시

2016.10	내용	강도	지속성
상승 재료	- 미국 12월 금리 인상 경계감	강	~ 12-14 FOMC 이전까지
	- 미 대선 관련 불확실성	강	~11-8 대선 전까지
	- 위안화 약세 지속	중	중장기
	- 중국 경기 둔화 우려(수출입 감소)	중	중장기
	- 도이치 과징금 관련 우려, 하드브렉 시트	약	단기
	- 우리나라 무역수지 둔화	약	중장기
	- 증시 외인 자금 이탈 가능성	중	단기
하락 재료	- 미 금리 인상 속도 지연 : Fed의 완 만한 금리 인상 재차 강조	강	~12월 이후 더욱 확대
	- 힐러리 당선 가능성(불확실성 해소)	강	11-8 이후
	- 대기 매도 매물(사상 최고인 거주자 외 화예금, 이월 네고 등)	중	11-8 이후, 12-14 이후 유입

이처럼 특정 재료는 절대적인 상승·하락 재료로 정형화되어 있는 것이 아니다. 시장 참가자들의 해석에 따라 계속 변하기 때문에 늘 시장심리를 잘 살펴야 한다.

상승·하락 재료를 나누는 방법은 딱히 정해진 형식이 없다. 도표로 만들어도 좋고, 서술해도 좋다. 필자는 엑셀을 상하로 나누어 상승 재료와 하락 재료로 구분해 생각나는 재료를 적는다. 일단 상승·하락 재료를 나누었다면, 다음은 재료를 영향력(강도)순으로 정렬한다. 이 또한 절대적 강도란 것은 없다. 시장심리는 여러 재료를 옮겨 다니면서 해당 재료를 돋보이게 하는데, 시장의 관심을 받은 재료는 한순간에 시장을 뒤집어놓았다가 언제 그랬냐는 듯이 사그라지기도 한다. 예전에는 시장을 주도했던 재료들이 더 큰 대내외 이슈에 묻혀 힘을 못 쓰다가 해당 이슈가 사라진 뒤 다시 주목을 받아 변동성을 키우기도 한다. 어찌되었든 관건은 주목받을 만한 재료를 미리 알고 있느냐와 현재 시장심리가 어떤 재료에 쏠려 있는지를 아는 것이다.

상승·하락 재료를
수집하는 방법

상승·하락 재료를 파악하는 가장 쉽고 빠른 방법은 정보단말기를 이용하는 것이다. 인포맥스나 로이터, 블룸버그 등의 금융 정보단말기는 환율뿐만 아니라 주가·금리·원자재 등의 각종 시세, 전 세계 주요국의 경제지표와 통화정책 결과 등을 실시간으로 제공한다. 그뿐만 아니라 펀더멘털 분석에 필요한 각종 경제·금융 데이터나 분석툴, 언론사들의 환율 관련 뉴스, 금융사들의 분석 리포트, 전문가 설문조사, 국내외 기관별 전망 등도 잘 정리해 제공한다. 다만 단말기 사용에 적지 않은 비용이 들기 때문에 개인이 사용하기

연합인포맥스 사이트. 금융 전문 언론사 사이트를 통해 주식·외환·채권시장에 특화된 요약 정보와 기사를 찾아볼 수 있다.

[4001] FX 전체시세

종목코드	매도호가	매수호가	스프레드	고가	저가	이자(S)	이자(B)	환산가치	고시시각
AUD/CAD_F	1.03126	1.03178	5.2	1.03257	1.02893	-12.65	5.77	9.77	23:23:31
AUD/CAD_G	1.03130	1.03171	4.1	1.03246	1.02905	-10.86	9.88	9.77	23:23:32
AUD/CHF_F	0.95136	0.95188	5.2	0.95324	0.95035	-17.46	7.91	10.59	23:23:32
AUD/JPY_F	78.325	78.377	5.2	78.383	78.161	-15.40	7.16	12.86	23:23:32
AUD/JPY_G	78.331	78.365 ▼	3.4	78.368	78.169	0	0	12.86	23:23:32
AUD/NZD_F	1.31264	1.31314	5.0	1.31406	1.31118	-7.17	3.09	7.67	23:23:31
AUD/NZD_G	1.31242	1.31308 ▼	6.6	1.31413	1.31114	0	0	7.67	23:23:32
AUD/USD_F	1.00747	1.00772	2.5	1.00842	1.00450	-15.90	7.39	10.00	23:23:32
AUD/USD_G	1.00749	1.00774 ▼	2.5	1.00837	1.00452	0	0	10.00	23:23:32
CAD/CHF_F	0.92196	0.92323	12.7	0.92597	0.92105	-5.80	2.25	10.59	23:23:32
CAD/JPY_F	75.935	75.997	6.2	76.089	75.829	-3.48	1.26	12.86	23:23:31
CAD/JPY_G	75.938	75.978 ▼	4.0	76.071	75.837	-3.83	2.56	12.86	23:23:32
CHF/JPY_F	82.313	82.365	5.2	82.401	82.118	0.13	-1.22	12.86	23:23:32
CHF/JPY_G	82.325	82.358	3.3	82.392	82.127	0	0	12.86	23:23:32
EUR/AUD_F	1.27961	1.28013	5.2	1.28105	1.27847	9.84	-20.44	10.08	23:23:31
EUR/AUD_G	1.27962	1.28012 ▼	5.0	1.28101	1.27857	0	0	10.08	23:23:32
EUR/CAD_F	1.31987	1.32039	5.2	1.32205	1.31697	1.79	-3.98	9.77	23:23:32
EUR/CAD_G	1.31999	1.32041 ▼	4.2	1.32193	1.31712	0	0	9.77	23:23:32
EUR/CHF_F	1.21779	1.21809	3.0	1.21934	1.21648	-1.59	0.56	10.59	23:23:32
EUR/CHF_G	1.21778	1.21808 ▼	3.0	1.21932	1.21652	0	0	10.59	23:23:29
EUR/GBP_F	0.83628	0.83658	3.0	0.83741	0.83531	0.69	-1.65	15.42	23:23:32
EUR/GBP_G	0.83631	0.83660 ▲	2.9	0.83737	0.83534	0	0	15.42	23:23:31

삼성선물 HTS 화면. 금융사에서 제공하는 프로그램도 은행별 호가와 주요국 환율 시세 등 다양한 시장 정보를 제공한다.

에는 다소 부담이 있다.

하지만 대안은 있다. 바로 증권사나 선물회사의 HTS(Home Trading System) 프로그램이다. HTS 역시 환율 시세를 비롯해서 글로벌 뉴스, 주요국들의 경제지표와 통화정책회의 등 이벤트의 스케줄과 발표 결과를 실시간 제공한다. 차트나 데이터 분석도구의 기능이 다소 부족하고 글로벌 금융시장의 시세가 일부 제공되지 않는 등 아쉬운 점은 있지만, 그래도 환율의 주요 상승·하락 재료를 파악하는 데 크게 부족함이 없다.

웹을 이용한 방법도 있다. 연합인포맥스와 같은 금융 전문 언론사의 홈페이지를 이용하면 간밤의 해외 주식, 채권, 외환, 원자재시장 동향뿐만 아니라 외환 기자들이 게재한 본인의 환율 전망이나 딜러들과의 인터뷰, 외환시장 전문가의 기고문을 볼 수 있다. 또한 유럽과 뉴욕 등 외환시장의 동향이 요약 및 정리되어 있어 재료를 파악하는 데 큰 도움이 된다.

금융 공기관의 홈페이지를 통해서도 금융시장 이슈와 동향을 쉽게 접할 수 있다. 1997년 IMF 외환위기 사태 이후 외환위기 재발방지 목적으로 설립된 국제금융센터에서는 월초 국제 금융시장 동향 및 주요 이슈에 관한 리포트를 발간한다. 또한 매일 글로벌 주식·외환·채권·원유시장의 동향과 주요 이슈를 보기 좋게 정리해 게시하고 있다.

핵심 포인트

환율 전망을 위해서는 시장에서 언급하고 있는 상승·하락 재료를 모두 파악하고 있어야 한다. 또한 재료별 예상 강도와 지속성을 인식하고 있어야 환율 변동에 대응할 수 있다. 절대적인 상승·하락 재료란 없다. 재료는 간혹 상승 재료로 작용하기도 하고, 하락 재료로 작용하기도 한다. 우리는 시장의 기대감과 환율에서의 선반영 여부를 파악해 재료의 강도와 지속성을 추정할 수 있다. 재료는 정보단말기나 금융사들의 HTS 프로그램, 금융 정보 홈페이지 등을 통해 찾을 수 있다.

환율을 예측하기 위한
3가지 핵심 재료

큰 것은 담고 작은 것은 과감히 버려야 한다. 정보의 홍수 속에서 큰 흐름을 주도
하는 재료에 초점을 맞추자.

정보는 많을수록 좋지만 외환시장에서는 자칫 정보의 홍수 때
문에 표류할 수 있다. 매일 여러 재료들이 생성되고 또 소멸하면서
거짓 신호를 보내기 때문이다. 큰 흐름을 잡고도 작은 재료에 휘둘
려 방향을 잃는 경우가 많다.

필자 또한 종종 시장의 메인 이슈를 파악하고도 의미 없는 작은
신호에 현혹되는 경우가 있다. 그때마다 되뇌는 것은 시장의 관심
을 지속적으로 가장 많이 받을 재료에 집중하자는 것이다. 상승·하
락 재료를 찾아 구분하는 것도 중요하지만, 시장의 메인 재료를 파

악하고 추세 속에서 중심을 잡는 데 익숙해지면 작은 재료에 휘둘리지 않게 된다.

작은 재료는
과감히 무시하자

시장을 주도하는 재료는 계속 바뀌기 마련인데 과거의 재료에 대한 미련을 버리지 못해 일을 망치기도 한다. 가령 FOMC 회의를 앞두고 미국의 금리 인상이 시장의 핵심 이슈로 주목받는 상황이라고 가정해보자. FOMC 결과에 영향을 줄 수 있는 핵심 지표, 즉 투표권을 가지고 있는 연방은행 총재들과 이사들의 발언을 주목하고 향후 전망을 분석해야 한다. 이때 발표되는 우리나라 경상수지 흑자 등과 같은 중장기 수급 재료와 지금은 후순위로 밀려난 유로존 정치 리스크, 중국 경기 둔화 우려 등의 재료는 순간적으로 혼란을 야기할 수 있다.

　역외세력은 대외 메인 재료에 따라 움직이는 경우가 많으므로 이때는 '미국 금리 인상'이라는 핵심 재료에 주목해야 한다. 대외 이슈나 이벤트가 부재하고 변동성이 제한된 장이라면 수급 재료가 큰 영향을 미치겠지만, 시장의 초점이 다른 곳에 있을 때는 후순위 재료를 과감히 무시할 필요가 있다.

우선순위 재료 ①:
각국 중앙은행의 통화정책

가장 큰 그림은 역시 국가 간의 통화정책이다. 각국의 통화정책은 펀더멘털과 수급에 가장 지대한 영향을 끼치므로 최우선적으로 살펴야 한다. 원화 환율에 영향을 줄 수 있는 미국·중국·일본·유로존 등 주요국들의 통화정책 스탠스가 어떤 상황인지 정확히 파악해야 한다. 각국 중앙은행의 통화정책에 대한 입장을 알기 위해서는 통화정책회의 후 발표하는 성명서의 정확한 해석뿐만 아니라, 정책 결정자들의 발언까지 분석해 향후 정책 변경 가능성도 따져봐야 할 것이다. 물론 개인들은 모든 내용을 직접 찾기보다는 이미 찾아서 분석해놓은 금융사의 리포트를 활용하는 것이 효율적이다. 이러한 리포트들은 보통 통화정책회의 전후로 많이 발간된다(만약 엔원을 예측해야 한다면 우리나라는 기본이고 미국·일본의 통화정책회의를 모두 모니터링해야 한다).

가령 미국이 금리 인상을 계획하고 있고 우리나라는 반대로 금리 인하가 예상된다면 기본적인 방향은 '달러 강세, 원화 약세'다. 만약 금리마저 같아지거나 역전되면 우리나라는 외국인 자금 이탈과 함께 환율의 중장기 흐름이 '원화 약세, 달러원 상승' 쪽으로 갈 수 있다. 따라서 각국 통화정책에 대한 정확한 인식과 함께 정책이 계획대로 실행될 수 있는지 관련 지표 등의 경제 여건을 점검해야 한다. 미국 경기 개선 속도가 둔화되어 금리 인상 시점이 연기되거나 우리나라 경제가 개선 징후를 보여 금리 인하 가능성이 약화된다면 환율은 더 이상 상승하지 않거나, 그동안 기대감에 상승했던 폭을 반납할 것이다.

우선순위 재료 ②: 펀더멘털 관련 경제지표

통화정책의 방향을 결정하는 것은 결국 펀더멘털이기 때문에 펀더멘털을 가늠할 수 있는 경제지표의 흐름을 파악하는 것도 중요하다. 통화정책에 영향을 줄 수 있는 주요 경제지표를 중요 순서대로 알고 있어야 한다. 또한 중앙은행 정책과 펀더멘털 관련 재료는 시장 기대감에 따라 선반영되는 경향이 있기 때문에 지표 등의 발표 스케줄도 정확히 알고 있어야 한다.

중요한 것은 달러원의 환율 예측을 위해 미국과 우리나라의 펀더멘털만 봐서는 안 된다는 점이다. 우리나라의 중요 교역국가이면서 원화와 상관관계가 높은 중국과 일본의 펀더멘털도 함께 모니터링해야 한다. 만약 우리나라의 펀더멘털은 양호하지만 중국과 일본의 지표가 악화되고 있다면 원화 또한 약세로 돌아설 수 있다.

하지만 실무에서 모든 주요국 상황을 다 찾아보기란 쉬운 일이 아니다. 이 경우에는 최소한 시장에서 중요도가 높은 지표 2~3개 정도라도 기억하고 있어야 한다.

우선순위 재료 ③:
여타통화의 움직임

모든 통화의 움직임은 그 원인이 있지만 실제로 거래를 하다보면 왜 움직이는지조차 파악하기 어려운 경우도 많다. 특히 중장기 흐름보다는 단기적으로 환율의 움직임을 추적할 때 더욱 그렇다. 당장 오늘 장중에 달러를 사고팔아야 하는데 도무지 어떤 이유로 달러원 환율이 상승 또는 하락하는지 알 수 없는 경우가 많다.

만일 주식이 오르고, 외국인도 주식을 사고, 미국 시장금리가 하락하고, 원자재의 가격도 오르는 상황이라면 어떻게 해야 할까? 더군다나 위험자산뿐만 아니라 아시아 통화들도 모두 강세인데 달러원 환율만 하락하지 않고 올라간다. 대내외 이슈를 찾아보지만 원화가 약세를 보일 만한 특별한 이유도 없다. 이때는 어떤 지표에 의지해야 할까?

이때 의지할 수 있는 것은 원화와 상관관계가 높은 여타통화의 움직임이다. 환율이 이론적 배경과 달리 움직일 때는 수급적으로 수입 결제나 수출 네고가 유입되었거나, 역외세력이 달러를 사고

팔았거나 등의 추적이 어려운 이유가 있을 것이다. 이때 우리는 원화와 상관관계가 높은 여타통화의 움직임 자체를 재료로 삼고 거래할 수 있다. 만약 아시아 통화가 모두 강세인데 원화만 약세라면 이후 추가 약세 움직임이 제한될 것이라든지, 또는 여타 아시아 통화를 따라서 곧 강세 전환할 것이란 시나리오를 세울 수 있다.

원화와 상관관계가 높은 통화로는 대표적으로 위안화와 엔화를 들 수 있다. 앞부분에서도 언급했지만 장중 위안화 고시환율(달러위안)과 달러엔의 움직임에 달러원 환율이 연동되는 경우가 상당히 많다. 따라서 거래를 할 때는 대내외 재료와 시장 상황, 차트를 종합해서 보고 원화와 상관관계가 높은 통화의 움직임도 함께 봐야 할 것이다.

핵심 포인트

너무 많은 재료에 신경 쓸 필요는 없다. 시장을 주도하는 재료에 집중하자. 먼저 환율의 중력을 알아야 한다. 각국의 통화정책 입장, 그리고 통화정책에 변화를 줄 수 있는 경제지표에 주목하자. 환율을 움직이는 원인을 파악하지 못했다면 원화와 상관관계가 높은 여타통화의 움직임을 재료로 활용하자.

환율 예측의 첫걸음, 환율 변동 시나리오

환율 예측 시 항상 최악의 상황을 염두에 두어야 한다. 시나리오 분석을 통해 최악의 결과를 파악해보자.

재료를 다 찾았다면 이제 할 일은 머릿속에 환율지도를 그려보는 일이다. 각 재료가 어떤 방향으로 흘러가면 환율이 어디로 얼마만큼 움직일 것인지 미리 상상해보고, 시나리오대로 갔을 때 어떤 대응을 해야 할지 전략을 짜야 한다. 시나리오를 얼마나 치밀하게 짰는가에 따라 거래의 성패가 달라질 수 있다. 지금까지 해온 노력의 과정들이 결실을 맺을 수 있는 '화룡점정'의 순간이다. 시나리오가 부실하면 뜻밖의 상황에 잘 대응하지 못할 것이다.

머릿속에 그리는
환율지도

이 과정에서는 재료의 반응에 대한 경험적 지식이 필요하다. 또한 추세와 지지선·저항선 등을 파악하기 위해 차트 분석도 필수다. 외환시장의 대내외 상황이 과거와 동일하지 않고, 시장 참가자들의 구성과 성향도 같지 않기 때문에 결과에 대한 반응을 정확히 추정하기 어려운 건 사실이다. 하지만 주관적이고 정성적인 판단으로 어느 정도 예상 범위를 잡을 수는 있다.

먼저 환율 변동을 야기할 수 있는 모든 요인을 찾아 타임테이블에 놓아보자. 대표적으로 경제·금융, 정치적 이벤트 등이 있다. 고용·물가·성장률·생산·소비 등 주요 경제지표와 각국 통화정책회의 일정 및 예상 결과, 시장의 기대치, 시장의 위험 선호 분위기도 파악해야 한다. 마지막으로 이 모든 재료들이 환율에 어느 정도 선반영되었는지 가늠해야 한다. 재료에 대한 기대감에 따라 환율의 방향과 변동폭이 달라질 수 있다.

예를 들어 근시일 내로 미국 금리 인상이 예상되고 있는 상황이라 가정해보자. 발표 예정인 경제지표가 호조세를 이어갈 것이라는 시장 참가자의 기대도 크다면(예상치가 높다면) 지표는 시장에 이미 선반영되어 달러원 환율이 먼저 상승해 있을 것이다. 그럼 이 상황에서 발표 후 환율이 어떻게 될 것인지 시나리오를 만들어보자.

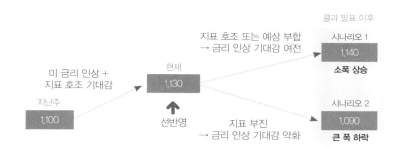

환율지도(위)를 그리고 기술적 분석(아래)까지 곁들인다면 보다 정확하게 환율의 흐름을 예상하고, 알맞게 대응할 수 있다.

시나리오 1. 지표가 예상처럼 좋게 나왔을 경우

이 경우 지표가 예상에 부합하더라도 달러원의 추가 상승 압력이 강하지 않을 수 있다.

시나리오 2. 지표가 예상보다 좋지 않을 경우

반면 예상에 미치지 못할 경우 결과에 대한 실망감에 선반영된 매수 포지션이 청산되면서 환율 하락 압력이 클 수 있다.

그렇다. 결과가 예상을 빗나갈수록 충격도 크기 마련이다.

같은 예에 기술적 분석을 더해보자. 만약 예상에 미치지 못할 경우 얼마만큼 하락할지 파악하기 위해 지지선을 찾아볼 필요가 있다. 현재 환율이 1,130원일 때 1차 지지선이 전저점인 1,090원이라면 지표 부진에 따른 금리 인상 기대감 약화에 환율이 반락할 수 있는 여력은 1차적으로 -40원 정도라 생각할 수 있다. 반대로 예상보다 크게 개선될 흐름을 보이더라도 전고점인 1,140원선을 넘지 않을 것이라는 추측이 가능하다.

FOMC 회의 결과와
기자회견 후 시나리오

이번에는 2가지 결과가 연이어 발표되는 경우의 예를 들어보려 한다. 미국 FOMC 회의를 비롯해 주요국들의 통화정책회의는 정책 결과 발표 후 기자회견을 통해 향후 통화정책의 방향을 제시한다.

그럼 다음주에 FOMC 회의가 예정되어 있다고 가정해보자. 최

근 고용·물가 등 경제지표들이 지속적으로 부진했고, 투표권을 가진 다수의 연방준비제도이사회의 위원들도 금리 인상에 대한 입장이 엇갈렸다. 지표가 악화되면서 FOMC에서는 금리를 인상할 것이라는 시장 전망 또한 기존 70%에서 30%로 축소되었다. 현재 환율은 지난주 대비 30원 하락한 1,100원 수준이다. 다음주 FOMC 이후 환율은 어떻게 될 것인가?

시나리오 1. FOMC 회의에서 금리 인상을 하지 않고, 기자회견에서도 향후 금리 인상에 대해 부정적일 때

먼저 미국이 FOMC 회의에서 금리 인상을 하지 않고, 기자회견에서도 향후 금리 인상에 대해 부정적으로 언급했다고 가정해보자. 이미 금리 인상 기대감은 많이 낮아진 상황이며 환율은 선반영되어 30원을 낮춘 상태다. 이 경우 금리 인하를 하지 않는다 하더라도 환율은 크게 하락하지 않을 것이라는 추측이 가능하다. 1차

지지선이 1,090원에 있다면 10원 정도 하락해 그 부근에서 지지를 받을 것이다. 다만 1,090원이 하향 돌파될 가능성도 염두에 두어야 한다.

시나리오 2. 미국이 금리 인상을 단행하고, 향후 추가 인상에 대한 가능성도 열어두었을 때

그다음 미국이 전격적으로 금리 인상을 단행하고, 향후 추가 인상에 대해서도 가능성을 열어두었다고 가정해보자. 예상치 못한 반응에 시장은 충격을 받을 것이다. 시장 참가자들은 금리 인상 영향을 분석하기 시작하고, 안전자산 선호심리가 부각될 것을 우려해 달러를 살 것이다. 지난주 하락했던 30원을 하루 만에 되돌릴 수도 있다. 전고점이자 1차 저항인 1,140원에서 일단 주춤할 것으로 예상하지만 저항선이 상향 돌파될 경우도 생각해야 한다.

시나리오 3. 미국이 금리를 동결했지만, 지표 부진을 일시적인 것이라 평가하며 향후 인상 가능성을 시사할 때

미국이 금리를 동결했지만, 성명서 또는 기자회견에서 지표 부진을 일시적인 것으로 평가하며 다음 FOMC 회의 때 인상 가능성을 시사했다면 어떻게 될까? 아마 금리 동결에도 향후 인상에 대한 압박감에 크게 하락하지 않을 것이다. 전저점인 1,090원선의 지지가 예상된다. 또는 금리 동결을 반영해 1,090원까지 내려왔지만 반등할 수도 있다. 향후 인상 가능성을 내비쳤기 때문에 시장 참가자들의 저가 매입세가 유입되거나 기존 매도 베팅했던 포지션을 차익 실현(매수)할 수 있기 때문이다.

매수세가 유입된다면 어디까지 올라갈 수 있을까? 다음 FOMC 회의까지는 6주가 남았으니 저항선인 1,140원까지 올라가지는 않을 것이다. 약 1,120~1,130원선 정도를 예상해볼 수 있다.

시나리오 4. 미국이 금리 인상을 단행했지만, 추가 금리 인상 여부가 불투명할 때

반대로 전격적으로 금리 인상을 단행했지만, 기자회견에서 향후 추가 금리 인상은 불투명하다고 시사한다면 환율은 어떻게

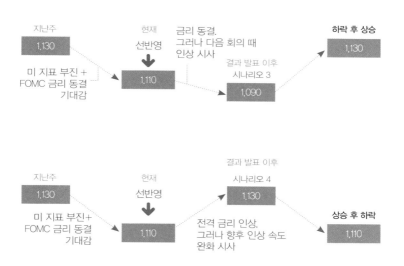

시나리오를 얼마나 치밀하게 짰는가에 따라 거래의 성패가 달라질 수 있다.

될까? 아마도 금리 인상에 따른 상승 압력이 둔화되지 않을까? 1,120~1,130원까지 반등했다가 금리 인상 재료 소멸로 다시 하락할 수도 있다.

시나리오를 처음 만들어본 사람이라면 다소 어렵게 느껴질 수 있겠다. 필자의 예시는 단일 재료를 근거로 구성했지만 여러 재료들이 복잡적으로 작용했을 때는 시나리오의 경로가 더 복잡해질 것이다. 하지만 환율 변동 시나리오를 생각하지 않고서는 좋은 가격에 외화를 사고팔 수 없다. 사람들은 대부분 가능성이 높은 쪽, 시장의 기대가 높은 쪽만을 생각하는 경향이 있다. 문제는 예상치 못한 결과가 나오면 당황해 적절한 대응을 할 수 없다는 것이다.

지금 당장 사고팔아야 하는 경우가 아니라면 우리는 향후 어떤 재료가 어떤 시나리오로 흘러가고, 환율에 어느 정도 영향을 미칠지 보여주는 환율지도를 미리 만들어놓아야 한다. 각 시나리오별로 환율이 움직였을 때 어떻게 대응할지 미리 전략을 세워놓으면 해당 상황이 닥쳐도 당황하지 않고 생각했던 대로 대응할 수 있을 것이다.

핵심 포인트

상승·하락 재료가 무엇인지 파악하고 재료의 결과에 따라 환율이 어떻게 움직일지 미리 머릿속에 그려보아야 한다. 시나리오별 전략을 머릿속에 항상 생각하고 있어야 당황하지 않고 대응할 수 있다. 무엇보다 중요한 점은 항상 최상의 결과보다 최악의 상황을 인지하고 있어야 한다는 것이다.

5장

외환투자 노하우와
기업 외환관리 실무

저성장·저금리 시대에 접어들면서 변동성이 큰 외환투자에 대한 관심이 늘고 있다. 하지만 외환투자에 앞서 반드시 철저한 공부와 준비가 선행되어야 한다. 많은 사람들이 매달 조금씩 오랜 시간 힘들게 저축한 소중한 자금을 잘 알지 못하는 분야에 과감히 투자하고는 한다. 그러나 알고 하는 것과 모르고 하는 투자의 결과는 그야말로 천지 차이다. 최소한의 투자방법에 대한 고민과 시장 앞에서 겸손한 마음가짐을 가진다면 적정한 긴장감과 함께 투자 성공률이 높아질 것이다.

개인도 얼마든지
외환투자를 할 수 있다

금융상품은 투자자가 완전히 이해할 수 있는 것이 가장 좋은 것이다. 경험과 지식이 없다면 먼저 단순한 상품으로 시작하라.

개인이 외환투자를 할 수 있는 방법에는 어떤 것이 있을까? 주변 사람들에게 물어보면 "달러를 사두면 된다."라는 답변을 쉽게 들을 수 있다. 그렇다. 달러를 사두면 된다. 약 30만 달러만 사놓으면 100원 만 올라도 수익이 3천만 원 아닌가? 본인이 자유롭게 쓸 수 있는 여윳돈이 대략 3억~4억 원 정도 있다면 그렇게 해도 된다. 하지만 다른 문제가 있다. 바로 환전 수수료다.

은행에서 개인이 환전을 하면 매매기준율에서 10여 원의 비용이 붙는다. 거기에 고액이고 거래 실적 등으로 우대를 받더라도 몇

원의 비용은 피할 수 없다. 만약 30만 달러를 바꾸기 위해 1달러당 5원의 비용을 지불한다면 수수료는 '30만×5원'이니 150만 원이 된다. 샀다가 나중에 팔면 또 한 번 붙어서 300만 원이 된다. 추후 100원이 올라 3천만 원의 수익이 발생해도 그중 10%가 환전에 드는 것이다(환전에 드는 비용은 은행과의 거래 관계에 따라 달라질 수 있다). 여기에 투자자금의 기회비용까지 생각하면 부담해야 하는 총비용은 상당하다.

다양한 투자방법이 존재한다

외환투자에는 이런 전통적인 방법밖에 없는 걸까? 이런 비용을 감당하고 그냥 달러 현물을 사는 것이 최선일까? 다행히 시중에는 다양한 대체 투자방법이 존재한다. 예를 들어 금융회사의 달러화 자산에 투자하는 펀드(ETF ; Exchange Traded Fund)나 파생결합증권(DLS ; Derivative Linked Securities)을 이용할 수도 있다. 하지만 다수의 상품은 환율 등락에 따른 손익구조가 비대칭적이거나, 미국 주식이나 채권 등과 혼합 투자되어 달러 현물 보유와 동일한 수익구조가 나오지 않으므로 주의해야 한다.

달러 선물을
이용한 외환투자

순수하게 환율에 투자하는 상품으로는 한국거래소에서 거래되는 '국내 달러 선물'이라는 상품이 가장 적합하다고 할 수 있다. 손익 구조가 대칭으로 달러 현물투자와 같으면서 거래를 위한 필요 자금이나 비용이 상대적으로 적게 들어간다. 수익 실현 시 이자소득세를 내지 않아도 된다는 장점이 있다. 또한 현물은 쌀 때 샀다가 비쌀 때 파는 매수거래밖에 할 수 없지만 선물은 주식의 공매도와 같이 비쌀 때 팔았다가 쌀 때 계약을 청산해 수익을 실현하는 양방향거래가 가능하다.

한국거래소에서 거래되는 달러 선물은 '계약' 단위로 거래된다. '1계약=1만 달러' 단위로 표준화되어 있다. 주식이 1주씩 거래되는 것과 같이 달러 선물도 1만 달러 단위로 계약할 수 있다. 1만 달러(1계약)를 사기 위해서는 일정 비율의 증거금만 있으면 된다. 증거금율이 약 5%고 현재 환율이 1,100원이라고 가정하면 증거금은 '1,100원×5%×1만'으로 55만 원이 된다. 55만 원만 있으면 액면가가 1만 달러인 달러 수표를 가진 것과 동일한 효과가 있는 셈이다. 달러 선물 매수 1계약을 보유했을 때 환율이 만약 100원 오르면 100만 원의 수익이 생기고, 반대로 100원 내리면 100만 원의 손실이 생긴다.

달러의 현물 매입과 선물 매입

	달러 현물 매입	달러 선물 매입
투자원금	30만 달러 X 환율 1,100원 = 3억 3천만 원	30만 달러 X 환율 1,100원 X 약 5% = 1,650만 원
비용 (1년 보유, 매수/매도)	30만 달러 X 5원(환전 비용, 가정) X 2 = 300만 원	30만 달러 X 0.2(거래 수수료, 가정) X 12 = 72만 원
투자 방향	매수(환율이 올라가면 수익)	매수(환율이 올라가면 수익) 또는 매도(환율이 내려가면 수익)의 양방향 베팅 가능

　달러 선물은 실제 환전을 하지 않으니 환전 비용도 들지 않고, 거래 수수료도 1개월에 평균 약 0.15~0.20원 수준이라 현물투자에 비해 상대적으로 크지 않다. 계약을 1년 동안 보유해도 드는 수수료 비용이 2원 안팎이다. 물론 선물거래 수수료는 금융사마다 다를 수 있으며, 증거금(예치금) 비율은 시장 변동성에 따라 변동될 수 있다. 또한 계약 기간에 따라 계약 환율에 감가되는 스왑포인트는 고려하지 않고 단순 계산한 것이니 투자를 고민 중이라면 선물회사 또는 증권사의 영업직원을 통해 자세히 설명을 듣기 바란다.

　통화선물을 이용하면 2천만 원 내외의 증거금으로 약 3억~4억 원의 달러나 유로·엔·현물을 사고파는 것과 같은 투자 효과를 낼 수 있다. 본문에서는 통화선물 상품의 일부 특징만을 서술한 것으로, 거래를 위해서는 일일 정산이나 마진콜(추가 증거금), 롤오버(기

달러·엔·유로 선물 예시

통화	달러	유로	엔
거래 단위	1만 달러	1만 유로	100만 엔
계약증거금 (보증금)	총 거래금액의 약 5% (30만 달러 거래 시) 30만×1,100원×5% = 약 1,650만 원	총 거래금액의 약 6% (30만 유로 거래 시) 30만×1,200원×6% = 약 2,160만 원	총 거래금액의 약 7% (3천만 엔 거래 시) 3천만 엔/100× 1,100원×7% = 약 2,310만 원
유지증거금	약 4%	약 4%	약 5%
환율이 1원 변동 시 손익	30만 달러×1 = 30만 원	30만 유로×1 = 30만 원	(3천만 엔/100)×1 = 30만 원
거래 시간	주중 09:00~15:45		

간 연장) 등 상품 특징 및 세부 거래방법을 정확히 숙지해야 한다.

결국 투자금과 비용 면에서 현물거래보다 선물거래가 유리하기 때문에 개인이 접근하기 용이하다. 실제 현물에 직접 투자하지 않고 증거금 제도를 이용해 레버리지를 썼기 때문에 가능한 일이다. 앞서 현물 매입의 예시에서는 30만 달러의 환율 변동에 따른 환차익을 누리기 위해 투자원금이 3억 3천만 원 필요했지만, 선물 매입 시 1,650만 원의 보증금으로 거래함으로써 레버리지는 '3억 3천만 원/1,650만 원'으로 약 20배에 달한다.

하지만 단점도 있다. 환율 변동에 따른 환차손은 증거금에서 차감되는데, 실제 30만 달러에 대한 원금을 가지고 달러를 산 것이 아니기 때문에 거래를 위해 예치한 증거금이 빠르게 줄어들 수 있다. 1,650만 원을 가지고 30만 달러를 선물 매수 계약했는데 환율이 예상과는 반대로 55원이 하락한다면 '30만 달러×(-55원)', 즉 1,650만 원의 손해를 보게 되니 원금을 모두 잃을 수 있다. 또한 거래 도중 일정 손실액이 넘어가면 금융사에서 추가 증거금을 요구하기도 한다. 환율 변동이 예상치 못하게 클 경우 증거금 이상의 손실이 발생할 수도 있기 때문이다. 추가 증거금을 넣을 수 없을 경우 해당 계약이 임의청산되기도 한다.

따라서 통화선물을 통해 환투자를 할 때 항상 기억해야 하는 것이 있다. 지금 하고 있는 거래가 현물투자와 같다고 생각하는 것이다. 선물투자의 제도적 장점을 이용하는 것일 뿐이지 현물투자를 하는 것과 같은 긴장감을 가지고 있어야 한다. 레버리지를 적게 가져가는 것도 중요하다. 만약 30만 달러를 계약한다고 하면 증거금(보증금)을 1,650만 원이 아닌 3천만 원 이상 예치해 레버리지를 의도적으로 줄여야 한다. 현행 레버리지(약 20배)는 개인투자자에게 있어 너무 높은 수치다.

참고로 2018년 기준으로 개인투자자가 달러 선물투자를 시작하기 위해 필요한 초기 증거금은 3천만 원이다. 레버리지가 크고 위험성이 높은 만큼 진입장벽을 높여 소액투자자의 손실을 막기 위한 조치로 보인다.

미 달러 선물 ETF를
이용한 외환투자

소액으로 개인이 할 수 있는 가장 쉬운 외환투자는 미국 달러 ETF 상품에 투자하는 것이다. ETF는 글자 그대로 미국 달러에 투자한 펀드를 주식처럼 거래소에 상장한 상품이다. 투자하고자 하는 금액만큼 예치 후 사고팔 수 있다.

보통 달러 선물을 기초로 펀드를 만든 경우가 많아 표시 단위는 다르지만 달러원에 투자하는 효과와 같다고 보면 된다. 다만 앞서 소개한 달러 선물과 달리 수익 실현 시 이자소득세(15.4%)를 내야 한다. 달러 선물 ETF 상품은 위험 선호도에 따라 레버리지를 더한

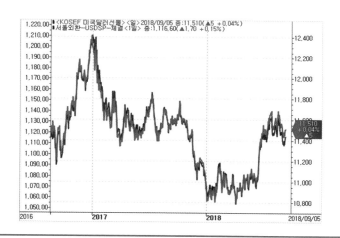

달러원 환율과 미 달러 선물 ETF 손익 그래프 오버랩(2016년 8월~2018년 8월)

거래량순으로 정리한 미 달러 선물 ETF

ETF 상품명	자산 운용사	일 거래량 (2017년 9월 1일 ~2018년 8월 30일)	손익 구조	운용 보수 (연율)	과세	거래 단위	호가 단위
KOSEF 미국달러선물	키움	99,390	상승 시 이익 약 1배	0.37%			
KODEX 미국달러선물	삼성	29,265		0.25%			
KOSEF 미국달러선물 인버스	키움	5,752	하락 시 이익 약 1배	0.49%			
KODEX 미국달러선물 인버스	삼성	2,819		0.45%			
KOSEF 미국달러선물 레버리지	키움	422,661	상승 시 이익 약 2배	0.64%	15.40%	1주	5원
KODEX 미국달러선물 레버리지	삼성	231,896		0.45%			
TIGER 미국달러선물 레버리지	미래 에셋	16,168		0.47%			
KOSEF 미국달러선물 인버스2X	키움	119,917	하락 시 이익 약 2배	0.64%			
KODEX 미국달러선물 인버스2X	삼성	12,532		0.45%			
TIGER 미국달러선물 인버스2X	미래 에셋	6,836		0.47%			

상품도 있고 환율 하락에 베팅할 수 있는 인버스 ETF도 있기 때문에 현물투자에 비해 선택의 폭이 다양하다.

ETF 상품은 운용사 종류에 따라 상품 앞에 붙는 코드가 다른데, 현재 키움자산운용이 설정한 ETF는 KOSEF, 삼성자산운용이 설정한 ETF는 KODEX, 미래에셋자산운용이 설정한 ETF는 TIGER라는 명칭이 붙는다. 각 사의 상품은 대동소이하며, 2018년 9월 기준으로 시장에서 거래되고 있는 미 달러 ETF 상품을 거래량순 정리한 도표를 참고하도록 하자.

이 중에서 될 수 있으면 거래량이 많은 것, 그리고 레버리지가 없는 일반 ETF에 투자하는 것을 추천한다. 유동성이 많으면 많을수록 시장가격(환율)을 더 정확히 추정할 수 있기 때문이다. 또한 레버리지 ETF는 일반 ETF와 달리 누적 손익이 대칭이 아닌 경우가 있다.

예를 들면 2X레버리지 달러 선물 ETF의 경우 달러원 현물환율이 10원 올랐을 때 2배인 20원의 수익이 나거나, 10원 내렸을 때 2배인 20원의 수익이 나지 않을 수 있다. 환율 횡보 시 손실이 날 수도 있다. 즉 펀드지수가 실물(달러원)을 정확히 추정하지 못하는 추적 오류(tracking error)가 있을 수 있기 때문에 순수하게 달러원 현물에 투자한 효과를 보기 위해서는 레버리지가 없는 ETF가 더 적합하다. 추적 오류에 대한 설명은 다소 기술적인 부분이기 때문에 생략하겠다.

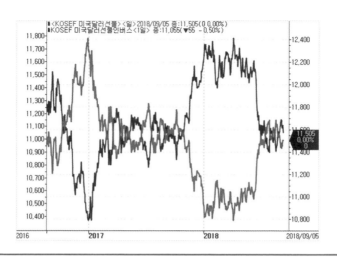

달러원 환율과 미 달러 선물 ETF 인버스 손익 그래프 오버랩(2016년 8월~2018년 8월)

하지만 실제 거래량은 2배의 손익을 가지는 레버리지, 인버스2X 상품이 가장 많다. 적은 투자금으로 고위험 고수익을 추구하는 투자자가 그만큼 많다는 증거다. 레버리지 ETF는 상품에 대한 이해도가 높고, 본인의 투자 성향이 위험 추구적이며, 손실을 감내할 수 있을 때 거래해도 무방하다. 마지막으로 상품의 세부 특성은 각 운용사에서 운영 중인 웹사이트(www.kosef.co.kr, www.kodex.com, www.tigeretf.com)에서 확인 가능하다.

소개한 상품들은 한국거래소에 상장되어 대부분의 증권사를 통해 사고팔 수 있으며, 증권사마다 거래 수수료를 비교 확인해 거래하기 바란다.

핵심 포인트

달러를 보유한 것과 동일한 손익을 낼 수 있는 투자 상품으로 장내 달러 선물과 미 달러 선물 ETF가 있다. 달러 현물투자에 비해 거래비용이 적고 거래방법이 편리하다. 달러 선물은 달러 선물 ETF에 비해 레버리지가 훨씬 크기 때문에 투자원금(증거금)이 빠르게 소진될 수 있다. 따라서 선물투자를 할 때는 본인의 리스크 감내 수준을 충분히 고려해 투자하는 것이 좋다.

언제, 어떻게
사고팔아아 할까?

환율은 평균에서 벗어났다가 다시 평균으로 회귀하는 특징이 있다. 추세선을 형성하고 발산할 때, 추세선을 이탈하고 수축할 때를 노리자.

간혹 시장에 대한 정보와 지식이 부족하고 매매 경험이 많지 않지만 동물적 감각으로 매 순간 시장심리의 변화를 잘 잡아 수익을 내는 사람이 있다. 반면 글로벌 거시경제와 주가·환율 등 금융시장 정보에 정통하고 오랜 거래 경험이 있지만 도통 수익을 내지 못하는 사람도 있다.

수익을 내는 사람은 선천적으로 타고난다는 말을 하고 싶은 게 아니다. 본인에게 맞는 거래 스타일을 찾지 못했거나 잘못된 거래 습관을 가지고 있어 수익을 내지 못하는 경우가 많다는 이야기다.

실무에서 수많은 거래자를 만나지만 결국 수익은 후천적으로 잘 다듬어진 거래자를 따르기 마련이다. 이번 장에는 필자가 실무에서 거래법인 또는 투자자에게 자주 언급하는 내용을 몇 가지 담아보았다.

소문에 사서
뉴스에 팔지 말자

"소문에 사서 뉴스에 팔아라." 주식을 해본 사람이라면 들어보았을 유명한 격언이다. 아직 시장에 반영이 안 된 비공개 정보가 돌 때 사서 그 정보가 사실로 판명되고 가격이 급등하면 팔아야 한다는 말이다. 재료가 공개되어 반영되고 차익 실현 매물이 나오면 가격은 다시 하락하게 될 테니 적기에 사고팔라는 뜻으로, 말처럼 쉬우면 좋으련만 적어도 외환시장에서는 해당되지 않는 이야기다. 외환시장에서 미공개 정보란 알 수 없는 것이고 소문에 샀다가 발표까지 가면 낭패를 보기 십상이다.

주식투자를 해본사람이라면 '카더라통신', 즉 공시되지 않은 기업의 수주 소식이나 실적 개선 또는 인수합병, 작전세력의 움직임 등 여러 소문을 듣고 투자한 경험이 있을 것이다. 그중에 맞는 것이 있으면 대박이지만 틀리면 깡통을 차게 될 수 있다. 하지만 외환시장에는 합리적인 근거를 토대로 한 추정만 있을 뿐 소문은 잘 들리지도 않고 듣게 되더라도 도무지 신뢰할 수 없다.

하루 수십억 달러를 거래할 수 있는 역외세력들이 어떤 계획을 가지고 있는지, 글로벌 달러의 향방을 쥐고 있는 미 연준의 의장이 무슨 생각을 하고 있는지, 중국 시진핑 주석이 미중 무역 마찰에 대해 어떤 대응을 할 것인지 등 시장을 주도할 재료들은 그간의 노출된 정보로 인한 합리적인 추정만 가능할 뿐이다. 그렇기 때문에 외환시장은 소문에 사서 뉴스에 팔기 어렵다.

단기투자: 재료 발표 순간에는
포지션을 가볍게

외환시장의 여러 재료들, 지표나 이벤트 등에 따라 시장 참가자들의 반응은 한쪽으로 치우치는 경우가 훨씬 더 많다. 이 경우 이벤트 발표 전에 이미 심리에 선반영되어 환율을 움직이는데, 이 흐름을 이용에 먼저 투자했다가 발표 전에 빠져나오거나 거래하지 않고 기다렸다가 발표 후 형성되는 추세를 타야 승산이 높다.

발표 순간에는 매수든 매도든 보유 포지션이 없거나 최소한만 보유하고 가는 것을 추천한다. 물론 재료 발표 순간까지 포지션을 보유해서 수익을 내는 경우도 있지만 예상치를 크게 빗나가 손절

포인트를 놓치게 되면 회복하기 힘든 큰 피해를 볼 수 있기 때문이다. 숙련된 투자자가 아니라면 발표 순간에는 포지션을 가지고 가지 않는 편이 낫다. 만약 발표 순간까지 포지션을 가지고 있다면 예상치를 빗나갔을 경우 시나리오와 손절할 준비를 하고 있어야 할 것이다.

외환시장은 결국 공개되지 않은 사실을 먼저 알아 수익을 내는 시장이 아니다. 재료와 이슈의 특성에 대한 정확한 이해를 가지고 시장심리에 미치는 강도를 잘 해석해 그 흐름을 타는 사람이 수익을 낼 수 있는 시장이다. 재료 발표 전후 시장심리를 움직일 만큼 힘이 있는 것인지 판단할 수 있도록 많은 연습이 필요하다.

장기투자: 평균으로
수렴하는 환율

2016년 말 150만 원대였던 삼성전자 주식은 20년 전에는 얼마였을까? 불과 5만 원이었다. 20년 동안 무려 30배가 뛴 것이다. 그렇다면 같은 기간 1,100원 하던 환율은 어땠을까? 20년 전 환율은 910원으로 삼성전자 주식과 비교했을 때 상대적으로 큰 차이가 없다. 주가가 등락을 거듭하며 우상향한다면 환율은 평행으로 등락한다.

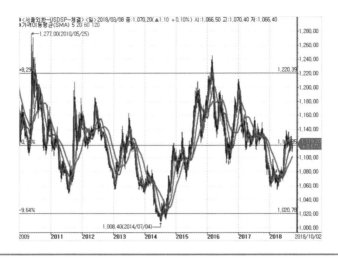

장기 평균을 중심으로 등락하는 환율(2010년~2018년)

　주가와 다르게 환율은 계속 발산할 수 없다. 기업은 경쟁사를 누르고 지구상의 모든 수요를 충족시킬 때까지 성장하면서 주가를 끌어올릴 수 있지만 환율은 다르다. 우리나라 경제가 성장하면서 원화의 가치도 동반 상승하기 때문에 달러원 환율이 충분히 하락하면 가격경쟁력이 약화되고 성장세가 둔화되어 원화 가치가 하락(달러원 상승) 압력을 받는다. 즉 무한정 강세로 가거나 약세로 가지 않고 경기 순환에 따라 강세와 약세를 반복하는 것이다.

　이미 앞에서 언급했듯이 환율은 계속 오르거나 내릴 수 없고 평균을 중심으로, 즉 위아래로 교차하며 등락을 반복한다. 이러한 습성은 장기적 관점에서 중요한 투자 기회를 제공한다.

금융위기 등 비정상적인 환율 폭등 시기를 제외하고 2010년 초부터 2018년 말까지 약 9년간의 환율을 살펴보자. 2,160거래일 동안 환율 평균은 1,118원이었다. 그럼 환율이 평균 기준 100원 하락한 1,018원 이하였던 날은 며칠일까? 정답은 24일이다. 약 1.1%밖에 되지 않았다. 그럼 평균 기준으로 100원 상승한 1,218원 이상이었던 날은 며칠일까? 역시 27일에 불과했다. 약 1.3%다. 계속 하락해서 900원대로 갈 것만 같았던 환율은 결국 평균으로 회복했고, 1,200원을 뚫고 1,300원에 다다를 것 같았던 환율은 며칠 가지 못하고 다시 평균으로 회복했다.

추세와 평균회귀를 이용한
개인과 기업의 거래

단기투자와 장기투자 팁을 실제 거래에 접목해보자. 수익을 목적으로 외화를 매매하는 거래 스타일은 포지션 보유 기간에 따라 하루 이내 거래하는 데이트레이딩(단타거래)과 포지션을 잡고 하루에서 며칠 동안 보유 후 청산하는 스윙트레이딩, 목표가격이 될 때까지 몇 달이고 기다리는 중장기 포지션 트레이딩으로 나눌 수 있다.

데이트레이딩의 경우 숙련된 딜러조차 수익을 내기가 쉽지 않으므로 외환투자에 익숙하지 않은 개인에게는 추천하지 않는다. 그보다 미리 예정된 경제지표나 금융 이벤트를 분석해 발표 전후 추세에 편승하는 스윙트레이딩, 그리고 장기 평균을 중심으로 위아래에서 크게 벗어났을 때 매수·매도 포지션을 구축한 후 평균에 회귀할 때까지 장기 보유하는 중장기 포지션 트레이딩을 추천한다.

만약 다음 주에 미국 고용지표가 발표될 예정이라면 어떻게 대응해야 할까? 지표가 좋게 나올 것으로 예상된다면 '지표 호조는 미국 금리 인상 가능성 확대로 이어지고, 이는 다시 달러원 환율 상승으로 나타난다. 고용지표 발표가 가까워질수록 경계감 또한 확대되어 환율이 오를 것이다.'라는 예상을 할 수 있다. 이 경우 시장에 경계감이 반영되기 전에 매수 포지션을 구축했다가 며칠 후 고용지표 발표 전 환율이 올랐을 때 매수 포지션을 정리(매도 청산)하고 나오는 스윙트레이딩을 고려해볼 수 있다.

이 방법은 기업의 외환담당자의 경우에도 그대로 적용이 가능하다. 미국 고용지표 발표 전에 결제할 달러가 있는 상황이라면 미리 달러를 사두면 된다. 물론 발표될 지표나 경제·금융 이벤트들의 내용과 예상, 그리고 시장의 기대 흐름을 정확히 파악하고 있어야 승산이 있는 전략이다. 재료 분석에 대한 시간과 노력의 투입이 필요하며 4장에서 언급했던 환율 변동 시나리오에 대한 충분한 연습이 선행되어야 한다.

반대의 경우도 마찬가지다. 만약 미중 무역 마찰이 심화되고 있는 상황에서 예정에 없던 정상회담이 성사되어 다음 주에 열릴 예정이라고 가정해보자. 합의 기대감에 달러원 환율 하락(원화 강세)으로 이어질 수 있으므로 투자자는 매도 포지션을 구축한 후 회담 전에 청산을 할 수도 있고, 기업 외환담당자는 미리 달러를 파는 것을 고려할 수도 있다.

이러한 대응이 본인의 스타일에 맞지 않는다면 장기투자도 고려할 수 있다. 앞서 언급했듯 환율이 장기 평균 대비 큰 폭으로 멀어졌을 때가 기회다. 주로 외부 충격에 의해 비정상적으로 상승하거나 낙관론이 시장을 지배해 크게 하락했을 때가 기회다. 개인투자자의 경우에는 1,018원에 근접하면 달러 선물 ETF를 매입하거나, 1,218원에 근접하면 인버스 달러 선물 ETF를 매입하는 방법을 생각해볼 수 있겠다. 참고로 이는 무조건 장기 평균 대비 ±100원일 때 장기투자를 실행하라는 것이 아니다. 평균회귀성을 이용해 장기 평균 대비 충분한 괴리가 발생했다고 판단된다면 장기투자를 실행할 수 있다. 가령 1,050원을 하단, 1,200원을 상단으로 레인지를 좁히면 수익률은 낮아지겠지만 투자 기회는 더 많아질 수 있다.

기업 또한 마찬가지다. 수출기업의 경우 일시적으로 환율이 크게 상승했을 때 환율이 사업계획 환율 대비 크게 높다면 외화자산을 팔거나 외화 매출채권을 헤지하는 방법을 쓸 수 있다. 수입기업의 경우에는 반대로 예상 결제 환율보다 환율이 크게 낮다면 미리 달러를 사서 확보하거나 향후 결제분에 대한 선헷지 실행을 고려할 수 있다.

차트의 추세를
이용한 매매

개인투자, 기업 실무에서 흔하게 사용하는 스윙트레이딩은 앞서 시나리오 연습에서도 다루었지만 상시 차트와 함께해야 한다. 추세 전환을 시도했지만 성공하지 못하고 기존 추세를 이어가거나 차트의 추세가 바뀌는 시점에서 할 수 있는 거래가 많기 때문이다. 필자도 실무에서 자주 사용하는 매매기법이다. 사실 기법이라고 하기에는 너무 단순하다. 앞서 차트 분석 부분에서 다루었던 추세선과 지지선·저항선을 직접 그을 수만 있으면 된다. 거래에 앞서 위든 아래든 환율의 기존 추세가 유지될 것이라는 기본 가정을 가지고 시작한다.

먼저 상승 추세선 또는 하락 추세선을 그어보자. 환율이 추세선에 근접하면 일단 기존 추세를 유지할 것으로 가정하고 추세의 방향 쪽으로 베팅을 한다. 하지만 만약 기존 추세를 이탈해 추세 전환의 기미가 보이면 손절매를 해야 한다.

준비한 상승 추세 차트를 보자. 2015년 11월부터 2016년 3월까지 중기 상승 추세가 만들어졌다. 만약 추세선 하단이자 60일 이동평균선 부근인 ①까지 환율이 하락했다면 상승 추세가 유지된다는 추정 하에 매수 베팅을 할 수 있다. 하지만 다음 추세선 하단 부근인 ②에서 매수했으나 추세선을 뚫고 내려간다면 바로 손절해야

중기 상승 추세를 보이는 달러원 차트(2015년 11월~2016년 3월). 상승 추세 시 추세선을 활용해 매매 타이밍과 규모를 가늠할 수 있다.

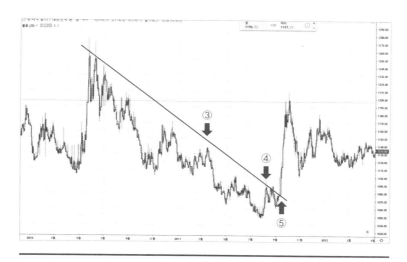

중기 하락 추세를 보이는 달러원 차트(2010년 5월~2011년 1월). 하락 추세 시 추세선을 활용해 매매 타이밍과 규모를 가늠할 수 있다.

한다. 반대로 달러 매도 타이밍을 고민하고 있다면 상승 추세가 유지되고 있기 때문에 매각을 보류하고 있다가 ②에서 추세선을 이탈하면(추세가 하락할 기미를 보이면) 즉각 달러를 매도해야 한다.

하락 추세에서도 마찬가지다. 2010년 5월부터 2011년 1월까지 이어온 중기 하락 추세가 계속된다는 가정 하에 ③과 ④ 부근에 도달하면 매도 베팅을 할 수 있다. 다만 하락 추세선이 깨지는 시점인 ⑤ 부근에서는 손절을 해야 한다. 반면 달러 매수 타이밍을 보고 있다면 하락 추세가 유지되는 ③과 ④ 부근에서는 굳이 미리 살 필요가 없다. 추세선을 뚫고 환율이 상승하는 것을 확인한 시점, 즉 ⑤에서 사야 한다.

기존 추세를 이탈했을 때 추세 전환에 베팅하는 방법도 있다. 중기적으로 이어온 추세선이 붕괴되는 순간 추세가 전환되었다고 판단되면 기존 추세와 반대 방향으로 베팅하면 된다. 하지만 만약 환율이 다시 기존 추세로 회귀한다면 역시 손절을 고려해야 한다.

중기 추세선을 이용한 스윙트레이딩은 추세 전환 시 이익이 크다는 장점이 있지만 추세 전환에 대한 거짓 신호가 발생할 수도 있다. 추세선이 깨져 베팅을 했지만 잠시 추세를 이탈했다가 기존 추세로 복귀하는 경우도 자주 있기 때문이다. 이 경우 적지 않은 손실과 거래비용이 발생한다. 따라서 추세선을 이용한 트레이딩을 할 때는 다소 늦지만 추세가 어느 정도 이탈된 것을 확인하고 베팅하거나 거짓 신호에 따른 손실을 감내하고 매매하는 수밖에 없다.

시장에 맞서지
말아야 한다

항상 올바른 판단만 내릴 수는 없다. 후퇴도 전략이다. 외환시장은 나라가 망하지 않는 한 계속 열리고, 기회도 반드시 다시 찾아온다.

달러를 사놓았는데 생각지도 못하게 환율이 빠진다. 불과 2주일 만에 1,150원에서 1,100원이 되었다. 대외 재료는 딱히 반등할 기미가 없고, 차트에서도 지지선을 뚫고 내려가 하락 추세로 전환할 것 같다. 이때 사람들은 무슨 생각을 할까?

보통 '지금이라도 팔까? 아니다. 단기간에 너무 많이 빠졌네. 1,080원선에서 막힐 거야.'라고 생각할 것이다. 지금 당장 이렇다 할 반등 재료가 없지만 무작정 그렇게 생각한다. 그런데 정말 막힐까? 그럴 리 없다.

근거 없는 기대감이
화를 부른다

환율을 예측하고 전망할 때 시장 참가자들이 가장 많이 하는 실수가 바로 '이쯤에서 하락을 멈출 것이다.' 또는 '이쯤에서 상승을 멈출 것이다.'라는 근거 없는 막연한 기대감이다. 기대감만 가지고 손절 타이밍을 놓치면 '어?' 하다가 큰돈을 잃게 된다. 속절없이 당하고 나니 억울하다. 팔 타이밍을 놓친 사람은 애써 '그래, 단기 급락 이후엔 언제나 일정 부분 반등이 있었지.'라고 생각한다. 팔지 못했으니 기회가 다시 올 것이라는 막연한 바람과 기대를 버리지 못한다.

정석대로라면 늦었다고 생각할 때가 가장 빠른 때다. 지금 당장 팔아야 하지만 마음처럼 행동이 따라주지 않는다. 그리고 다시 정신을 차리고 보니 환율은 어느새 1,050원이 되었다. 지표나 이벤트 발표를 앞두고도 마찬가지다. 왠지 본인의 예상처럼 결과가 나올 것만 같은 기분이 든다. 그 기분 필자도 안다. 하지만 안일하게 대처하면 예상을 빗나가고 당황하는 사이 손절 포인트를 놓쳐버린다.

손절 포인트를 놓쳐 손실을 입는 투자자들의 모습은 외환시장에서 흔하게 볼 수 있는 풍경이다. 물론 손실을 확정하면서도 끊기란 뼈를 깎는 아픔임을 잘 안다. 사람은 누구나 본인이 가지고 있는 포지션(매수 또는 매도)이 옳다고 믿는 경향이 있다. 하지만 시장은 냉정하다. 절대 거래자의 바람대로 움직여주지 않는다. 그렇기 때문에 거래 또한 냉정하게 해야 한다.

시장은 늘
신호를 보낸다

가장 좋은 방법은 근거 없는 기대감을 버리고, 상황이 달라지면 시장이 변했음을 인정하는 것이다. 버틸 자금과 시간이 없다면 아프지만 끊어내야 한다. 이 과정이 익숙해지면 시장을 대하는 자세가 달라질 것이다.

사실 우리가 거부할 뿐이지 시장은 늘 신호를 보낸다. 상승 시에는 상승 재료가, 하락 시에는 하락 재료가 당연히 더 많고 강도도 세다. 차트에서도 신호를 준다. 상승 추세에서 하락 추세로 전환될 때는 추세선과 지지선을 뚫고, 반대로 하락 추세에서 상승 추세로 바뀔 때는 추세선과 저항선을 뚫는다.

재료와 차트가 신호를 보내는데 기존 포지션만 고집한다면 결과는 불 보듯 뻔하다. 추세가 전환 신호를 보이고, 대내외 정황마저 같은 신호를 보낸다면 시장에 맞서지 말고 피하거나 방향을 바꿔야 한다.

핵심 포인트

환율이 추세선을 이탈하거나 기술적 지지선·저항선을 돌파했을 때는 주저하지 말고 손절해야 한다. 장은 다시 열리고 기회도 다시 온다. 시장이 주는 후퇴의 기회를 놓치지 말자.

외환투자에서 승자가 되는 법

금융시장에서 패를 잡으면 비관주의자도 낙천주의자로 바뀐다. 왠지 수익이 날 것 같은 오늘. 하지만 수익은 준비된 자에게 돌아간다.

'지피지기백전불태(知彼知己百戰不殆)'. 흔하게 쓰이는 말이지만 달리 대체할 문구가 없을 만큼 맞는 말이다. 시장의 재료와 이슈, 지표 등 이벤트 일정과 내용을 보다 자세하고 깊게 파악한 상태에서 통화의 움직임을 보는 것과 얕은 정보만 훑고 보는 것은 하늘과 땅 차이이다.

주식투자도 마찬가지다. 친구 말만 듣고 '묻지마' 주식투자를 하는 것과 기업의 재무 상태와 경쟁력 분석, 산업 동향 등을 파악한 후 주식을 매입하는 것은 투자의 질 자체가 다르다. 그런데도 많은 사람들이 투자 대상 분석에 온 힘을 쏟지 않는다. 왠지 잘 풀릴 것이라는 헛된 기대와 근거 없는 자신감에 의존해 매매를 한다. 이는 투자라기보다는 도박에 가깝다.

필자가 외환시장에서 확신할 수 있는 점은 환율에 영향을 미치는 재료와 이벤트를 정확히 파악하고, 차트를 통해 추세를 확인하고, 향후 환율 변동 시나리오까지 치밀하게 고민한 상태에서 외화 매매를 하면 승률이 높아진다는 것이다. 물론 이 과정은 지루하고 인내를 요한다. 하지만 수익을 위해서라면 참아야 한다.

매수든 매도든
참고 또 참아라

시장에 대해 충분한 고민을 한 투자자는 그렇지 않은 투자자보다 신중하다. 적절한 타이밍이 올 때까지 인내하고 기다린다. 반면 초보일수록 환율이 등락하는 걸 보면 조급해진다. 매수든 매도든 일단 무엇이든 잡아야 마음이 편해진다. 물론 단타로 수익을 추구하는 숙련된 투자자의 경우 재료와 심리적·기술적 지표를 이용해 빈번하게 거래하지만, 초보일수록 수익을 위한 거래가 아닌 거래를 위한 거래를 한다. 환율은 시간처럼 연속되지만 거래 기회는 항상 존재하지 않는다. 적절한 시점이 올 때까지 기다릴 수 있어야 한다.

성공적인 스윙트레이딩을 위해서는 기다릴 줄 알아야 한다. 현재와 미래의 재료가 시장에 덜 반영되었다고 판단될 때, 또는 지나치게 반영되었다고 판단될 때 거래 기회가 생긴다. 예를 들어 다음 달 말에 예정된 FOMC 금리 결정에 지대한 역할을 미칠 수 있는 미국 고용지표가 10일 뒤에 발표된다고 가정해보자. 호조를 보일 것으로 예상되지만, 시장이 아직 기대감을 반영하지 않고 일시적 수출 네고(달러 매도) 수급에 환율이 박스권 하단까지 내려온 상황이라면 매수 베팅을 고려해 볼 수 있을 것이다.

한편 중장기 포지션 트레이딩을 위해서는 박스권 하단에 도달했다고 해서 매수 결정을 할 수 없다. 단기 환율 등락보다 장기 평균 대비 현재 환율이 얼마만큼 벗어나 있는지가 중요하기 때문이다. 그때는 기다려야 한다. 외환투자를 위해서는 투자의 목적을 정확히 알고 거래 기회가 올 때까지 기다릴 수 있는 인내가 필요하다. 참고 또 참다보면 반드시 기회가 오기 마련이다.

리스크 관리가
핵심이다

환율이 오를 것으로 보고 1,100원에 100만 달러를 샀다고 가정해보자. 그런데 환율이 하락하면 어떻게 해야 할까? 먼저 현재 단·중기 추세는 어떤지 다시 확인하고, 1·2차 지지선을 그린다. 중기 추세는 아직 상승으로 보이고 1·2차 지지선은 1,080원과 1,050원에 위치해 있다. 1,080원까지 내려가면 환차손이 '100만×20원'으로 2천만 원이고, 1,050원까지 내려가면 5천만 원이다.

이제 환율이 지지선을 딛고 상승 추세를 이어갈 수 있을지 대내외 재료를 살펴볼 차례다. 각국의 통화정책과 경제지표 추이, 각종 이슈를 점검하고 우리나라 경상수지와 외국인 자금, 해외투자 동향을 보니 상승 우호적 여건이다. 이때 투자자는 어떤 결정을 내려야할까?

선택지는 2가지다. 그냥 버티거나, 지지선 근처까지 근접하면 더 사거나. 이는 투자 과정에 있어서 가장 일반적인 의사결정 흐름이다. 추세도 상승이고 대내외 재료도 상승 우호적이면 당연히 버텨야 한다. 자금이 허락된다면 '물타기'를 해 평균 매입단가를 낮추는 것도 좋은 방법이다. 하지만 그러다 2차 지지선마저 깨지면 사람들은 당황하기 시작한다. '지지선이 깨질 장이 아닌데 깨져버렸다.'라고 생각한 많은 시장 참가자들 중 일부는 2차 지지선이 깨지자마자 줄줄이 손절한다.

2차 지지선이 깨지면 손절로 인해 환율은 더 빠진다. 1,030원이 되면 줄줄이 손실은 이제 7천만 원이 된다. 무한정 자금 동원이 가능하다면 더 사면 된다. 1차 지지선을 앞두고 1,080원에서 물타고, 2차 지지선인 1,050원에서 다시 물타고, 더 떨어져 1,030원이 되면 또 물타기를 한다. 계속 사서 평균 매입단가를 낮춰놓으면 된다. 언젠가는 오를 것이기 때문이다.

하지만 대다수의 투자자는 자금과 시간이 한정되어 있다. 금융 회사의 트레이더도 마찬가지고, 일반 법인의 외환담당자도 마찬가지다. 개인투자자는 말할 것도 없이 손실 확대에 따른 압박과 책임을 오롯이 견뎌내야 한다. 심할 때는 자괴감에 빠지거나 손실 생각에 사로잡혀 잠도 안 올 수 있다.

투자자는 항상 최악의 상황을 알고 있어야 한다. 최선의 상황, 수익이 생겨 즐거운 상상보다 펀더멘털과 수급을 반영하지 못하고 시장이 패닉에 빠질 때 과연 얼마나 손실이 발생할지 사전에 알아야 한다는 뜻이다. 일상적인 삶에 있어서는 긍정적이고 낙관적인 마인드가 필요하지만, 투자에 있어서는 피 같은 돈이 걸려 있기 때문에 도무지 발생할 것 같지 않은 최악의 상황까지 염두에 두어야 한다. 최악의 상황을 알고 있으면 시장이 신호를 보낼 때, 즉 1차 지지선이 깨졌을 때 일단 손절을 고민하게 될 것이다.

앞서 이미 언급했지만 또 다시 손절의 중요성을 이야기하는 이유는 몇 번을 강조해도 모자라지 않기 때문이다. 시장은 항상 열리기 때문에 기회도 다시 찾아온다. 시장이 보내는 위험 신호를 놓치지 말고 위기 상황에서는 일단 한 발자국 물러나는 습관이 롱런할 수 있는 비결이다.

핵심 포인트

노력하지 않고 '나는 잘될 거야.'라는 생각은 버려야 한다. 치밀하게 고민하고 연구해야만 승률이 높아진다. 거래 기회가 항상 있는 것은 아니다. 조급해 하지 말고 기회가 올 때까지 기다려야 한다. 투자자금이 무한대가 아니라면 손절하는 습관을 배워야 한다. 투자의 승패는 리스크 관리에 달려 있다.

기업 외환담당자가
꼭 알아야 할 외환실무

기업의 외환담당자는 내부 규정과 외환관리 지침을 세워놓고 미리 정해진 기준에 따라 외화를 운용해야 한다.

사회생활을 하는 사람이라면 누구나 "눈에서 멀어지면 마음에서도 멀어진다."라는 말에 공감할 것이다. 무릇 사람뿐만 아니라 사물도 마찬가지다. 수출입 법인에 외환관리 자문을 하다보면 고객들이 실시간으로 움직이는 환율을 모니터링하지 않는 경우를 자주 본다. 환율을 보지 않으니 환율이 왜 오르내리는지 알 길이 없다. 환율을 모니터링하고 변동 요인을 파악하는 일은 원화 환산 매출에 결정적 역할을 하는 중대한 업무다. 그러나 정작 보질 않으니 도통 가까워질 리가 없다.

많은 기업들이 당일 외화를 매매할 때 은행에서 홈페이지를 통해 고시하는 환율을 보거나 인터넷 포털사이트를 통해 매매기준율을 확인한다. 그나마 훌륭한 곳은 은행에서 제공하는 자체 프로그램(예를 들면 HTS)을 통해 실시간에 가까운 매매기준율을 보면서 거래한다. 차트를 보는 기업은 손에 꼽을 정도다. 보이지 않는 기회비용이 줄줄 새고 있는 셈이다.

실시간 환율 모니터링
시스템이 중요한 이유

실시간으로 움직이는 환율을 보아야 하는 이유가 2가지 있다. 첫째, 외환거래에 드는 비용을 줄일 수 있어서다. 둘째, 좀 더 높은 환율에 팔거나 좀 더 낮은 환율에 사기 위해서다. 혹자는 "우리는 이미 주거래은행에서 우대 환율을 받고 있다. 그리고 장중 환율이 어떻게 될지 신만이 아는데 고민해봤자 딱히 좋은 환율로 사거나 팔수 없다."라고도 말한다. 안타까운 일이 아닐 수 없다.

우대를 받는다던 환율도 막상 확인해보면 해당 기업보다 훨씬 거래 규모가 작고 거래 기간이 짧은 곳보다 불리한 수준인 경우가 많다. 또한 환율 동향을 알려고도 하지 않다가 장중 저가 부근에서 매도하거나 고가 부근에서 매입하는 일도 부지기수다. 이 사실을 알고도 무책임하게 신께 맡긴다고 하면 할 말이 없다.

대기업이 아닌 중견·중소기업의 외환담당자들은 재무나 자금, 회계 등의 업무를 함께 보고 있는 경우가 많다. 또한 해당 업무에 훨씬 더 많은 시간과 노력을 쏟고 있어 외환은 부수적인 업무라고 생각한다. 하지만 외환거래로 아낄 수 있는 비용은 결코 작지 않다. 점심시간에 소등을 하거나 이면지를 사용해서 절약하는 비용과는 비교가 되지 않는다.

사실 기업 외환관리 자문의 궁극적 목적은 외환관리 담당자 본인이 스스로 외환딜러로서의 역할을 충실히 수행해내도록 하는 데 있다. 그리고 그것은 실시간 환율 동향을 가까운 곳에서 모니터링하는 것에서부터 시작한다. 환율을 보면서 습득하게 될 시장 감각이나 경제·금융 정보는 외환 부문을 넘어 글로벌 경제와 해당 산업의 시야를 넓혀줄 것이다.

앞서 4장 '환율 상승과 하락의 재료는 무엇인가?'에서 금융단말기 또는 HTS 프로그램을 통해 실시간에 근접한 환율을 모니터링할 수 있다고 이야기했었다. 가장 최근에 거래되었던 환율을 빠르게 볼 수 있다면 호가 비공개로 인한 정보의 비대칭성을 최대한 제거하고 거래 금융기관과 비용 협상이 가능해진다. 또한 환율의 호가 그 자체보다 일중 추세 또는 단·중기 추세를 볼 수 있기 때문에 더욱 유리한 환율에 거래할 수 있는 기회가 생긴다. 부서에 환율만을 위한 컴퓨터를 최소한 1~2대 준비해놓고 상시적으로 호가와 차트를 화면에 띄어놓는다면 팀원 모두가 환율과 좀 더 가까워질 것이다.

외환관리 프로세스의
확립은 반드시 필요하다

기업 외환 업무는 크게 외환관리와 환위험관리 부문으로 나뉜다. 외화관리는 사업계획 환율의 수립부터 외화의 매매·차입·운용· 회계처리 등 기획·재무·자금과 관련된 업무이고, 환위험관리는 환율 전망과 환율 변동으로 인한 환차손을 방어하는 일련의 업무를 말한다. 어느 것 하나 중요하지 않은 부분이 없지만 손익에 직접적이고도 치명적인 영향을 끼칠 수 있는 부문은 바로 환위험관리 부문이다. 그렇기 때문에 적절한 위험관리 프로세스의 확립은 필수다.

환위험관리의 첫걸음은 기업에 노출된 환위험의 파악부터 시작

기업 환위험관리 프로세스

한다. 월별, 분기별로 예상되는 외화 매출과 수입 결제액을 집계하고 회수 및 결제 기간을 고려해 시점별로 노출된 순환위험액(net exposure)을 찾는 일이다. 외환담당자는 수주 시점부터 발생하는 영업 환위험과 장부상 발생하는 거래 환위험을 구분해 환율 변동 시 발생할 수 있는 환차손을 추정할 수 있어야 한다.

가령 수출기업이라면 현재 1분기 환노출액이 얼마인데 현재 환율 레벨 대비 최대 얼마나 환율이 하락할지, 그리고 이에 따른 환손실은 얼마일지 사전에 미리 가늠할 수 있어야 한다는 뜻이다. 외환투자자뿐만 아니라 기업 외환관리에서도 최악의 상황을 알고 있어야 한다.

그다음 이러한 환위험을 제거할 것인지 노출할 것인지, 제거한다면 어떤 방법으로 제거할 것인지 결정해야 한다. 결정에 앞서 헤지 비율별로 환위험을 제거한 후 예상되는 손익의 추정, 즉 헤지 효과에 대한 시뮬레이션도 필요하다. 수출기업은 해외 매출을 수입 결제분과 매칭하거나 외화 부채를 일으켜 상쇄하는 등의 내부적 환관리 기법을 사용할 것인지, 아니면 선물환과 같은 파생상품을 이용한 외부적 환관리 기법을 이용할 것인지도 고민해야 한다. 또한 환관리 비율과 실행 시점에 대한 기준도 같이 정해야 한다. 마지막으로 환관리 활동을 실행한 후에는 정기적으로 과정과 결과에 대한 평가와 보완이 필요하다.

표준화된 내부지침을
수립해야 한다

이 모든 일련의 기업 환관리 과정이 내부지침으로 명시화되어야
한다. 담당자와 관리자가 각 단계의 프로세스를 공유해 의논하고,
함께 보완해 의사결정을 해야 한다.

　외환관리는 어느 한 사람이 담당하는 것보다 둘 이상의 관리
담당자를 두고 상호소통하며 모니터링하는 것이 좋다. 물론 담
당자가 재량과 책임을 가지고 외화를 운용하는 것도 업무집중력

기업 외환관리 내부지침의 목차

I. 환위험관리의 목적	II. 용어의 정리	III. 환관리 적용 범위	IV. 관리방법
관리 시행의 근거와 목적	환관리 프로세스에서의 각종 용어의 정의(환위험관리, 환익스포저, 내외부적 헤지기법 등)	• 영업환, 거래환위험 등 환위험 제거 범위 설정 • 수출·수입별 관리 범위 지정	• 내부적 기법과 외부적 기법 적용방법 • 환위험 도구 설정 및 헤지 프로세스 설정

V. 관리조직	VI. 환헤지 실행	VII. 환관리위원회 (심의, 평가, 결정 등)	VIII. 내부통제, 보고 및 책임소재
영업과 재무부서 등 외환 관련 유관부서 업무 분담. 협업 내용	환헤지 실행 프로세스	• 환위험관리 전반 심의 • 환헤지 결과 분석 및 평가, 전략 수정, 보완	• 각 환관리 프로세스별 보고 및 책임소재 • 증빙문서 보관 등 • 내부통제 프로세스 전반

을 높일 수 있는 하나의 방법이지만 그 경우 운영·관리 리스크 (operation&managing risk)를 분산할 수 없는 치명적인 약점이 따른다.

수출입 비중이 작은 기업이라면 큰 영향이 없겠지만 비중이 큰 기업의 경우 외환담당자의 관리 소홀로 큰 손실을 보는 경우도 적지 않다. 매뉴얼 없이 실행한 헤지가 투기로 변모하거나 꼭 해야 할 헤지를 누락하는 경우도 많다. 외환 업무만 하는 것이 아니라 여러 업무를 겸할수록 복수의 환관리 인원이 꼭 필요하다. 담당자들은 표준화된 내부지침에 따라 서로 협업하고 때론 경계하면서 기업의 환관리 목표를 달성해야 한다.

환헤지에 대한
올바른 인식

반도체 장비를 수출하는 A기업은 매출액의 70%가 미국 달러다. 선적 후 매출채권이 회수되는 기간이 6개월 정도 되기 때문에 그 6개월 사이에 환율이 하락하면 환차손을 피할 수 없게 된다. 실무자도 환율 하락에 따른 위험을 제거하기 위해서는 선적 시점의 환율로 매도 헤지를 해놓으면 된다는 것을 알고 있다. 하지만 수많은 외환담당자가 헤지를 하지 않는다. 왜 그럴까?

A기업이 선적 후 바로 파생상품을 이용해 매도 헤지를 했다면 장부 환율과 헤지 환율이 동일해 환율 변동이 제거된다. 이해하기 쉽게 예를 들어보겠다. 만약 장부 환율이 1,100원이고 매출채권 회수일에 환율이 1,050원으로 하락했다면 회계장부에는 환차손이 50원만큼 기록되는 반면, 파생상품을 거래해 생긴 이익도 50원으로 기록될 것이다. 두 손익을 더하면 0이 된다. 반대로 환율이 상승해 1,150원이 되었다 하더라도 장부의 외환차익은 50원으로 기록되는 반면, 파생상품의 거래 손실 또한 50원으로 기록되어 역시 두 손익의 합은 0이다. 즉 헤지를 해놓으면 환율 변동에 관계없이 현물과 파생상품의 손익의 합이 0이 된다는 뜻이다.

문제는 환율 상승과 환율 하락 시 장부의 형태를 기업의 최고경영진이 다르게 본다는 데 있다. 안타깝게도 많은 기업의 오너, 경영진은 파생상품 거래 손실을 용납하지 않는다. 가만히 놓아두었으면 외환차익을 볼 수 있었는데 괜히 헤지를 해서 손실이 발생했다고 생각하는 것이다. 반대로 헤지를 실행해 파생상품 거래 이익이 발생할 때는 적절한 환위험 회피 과정이었으며 실무자가 당연히 해야 할 재무 활동이라고 생각한다.

이러한 인식의 비대칭 상황에서 실무자가 환헤지를 적극적으로 할 리가 없다. 잘해야 본전인데 굳이 위험을 감수할 이유가 있을까? 과거 헤지 경험이 없던 회사라면 더욱 그렇다. 헤지를 하건 하지 않건 중요한 점은 오너와 경영진의 인식이 바뀌어야 한다는 것이다. 정책적·전략적으로 헤지를 하지 않을 수도 있지만 헤지를 실행했을 때 파생 이익만을 취하려는 것 자체가 투기임을 인지해야 한다. 경영진이 헤지를 환율로 인한 매출 변동 위험을 줄이는 한 방법이라고 인식한다면 그때부터 외환담당자의 환관리 의지와 성과가 눈에 띄게 높아질 것이다.

환헤지
도구의 선택

수출입 기업의 환위험관리를 위한 헤지 도구로는 크게 은행 선물환, 선물회사의 통화선물, 무역보험공사의 환변동보험을 들 수 있다. 이들 헤지상품의 손익구조(pay off)는 현물과 동일한 선형구조를 가지고 있다. 즉 환율이 100만 달러를 보유하고 있을 때 100원이 오르면 '100만×100원'으로 1억 원의 환차익이 생기는 것과 같다. 100만 달러 매수 계약을 가지고 있을 때 100원이 오르면 똑같이 1억 원의 수익이 난다. 동일한 선형구조를 가졌다는 뜻은 현물과 반대 방향으로 헤지상품 계약을 체결하면 '환율 변동으로 인한 현물 손익+헤지상품 손익=0'이 된다는 것을 의미한다. 환율 변동에 따른 리스크가 완전히 제거된다는 뜻이다.

물론 헤지상품으로는 현물과 동일 선형의 상품만 있는 것

현물과 선물의 손익 그래프

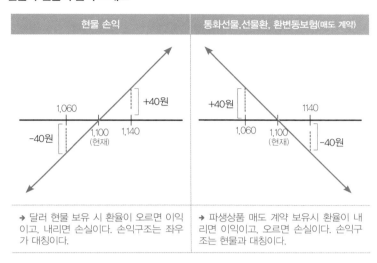

현물 손익	통화선물,선물환, 환변동보험(매도 계약)
1,060 +40원 -40원 1,100 (현재) 1,140	+40원 1,060 1,100 (현재) 1140 -40원
➜ 달러 현물 보유 시 환율이 오르면 이익이고, 내리면 손실이다. 손익구조는 좌우가 대칭이다.	➜ 파생상품 매도 계약 보유시 환율이 내리면 이익이고, 오르면 손실이다. 손익구조는 현물과 대칭이다.

옵션상품의 손익 그래프

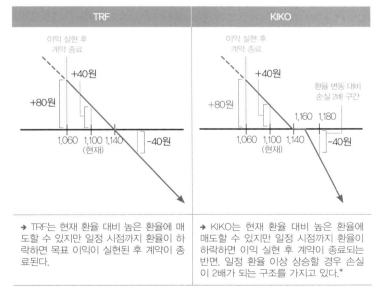

TRF	KIKO
이익 실현 후 계약 종료 +80원 +40원 1,060 1,100 1,140 (현재) -40원	이익 실현 후 계약 종료 +80원 +40원 환율 변동 대비 손실 2배 구간 1,060 1,100 1,140 (현재) 1,160 1,180 -40원
➜ TRF는 현재 환율 대비 높은 환율에 매도할 수 있지만 일정 시점까지 환율이 하락하면 목표 이익이 실현된 후 계약이 종료된다.	➜ KIKO는 현재 환율 대비 높은 환율에 매도할 수 있지만 일정 시점까지 환율이 하락하면 이익 실현 후 계약이 종료되는 반면, 일정 환율 이상 상승할 경우 손실이 2배가 되는 구조를 가지고 있다.*

* 옵션상품은 고객 니즈와 어떻게 합성하느냐에 따라 손익구조와 거래 조건이 달라진다.

통화선물·선물환·환변동보험 비교

	선물환	통화선물	환변동보험
거래회사	시중은행	선물사, 증권사	무역보험공사
거래 형태	장외 거래 (은행과 1 대 1 계약)	장내 거래 (한국거래소중개)	장외 거래 (수출보험공사와 1 대 1 계약)
수수료	별도 없음 (계약 환율에 반영)	별도 부과 (계약 환율에 반영 X)	소액의 보험료 납입 (계약 환율에 반영)
계약 환율	시장 환율 ± 거래비용	시장 환율	시장 환율 ± 거래비용
예탁증거금 (또는 담보)	신용으로 한도 제공 (경우에 따라 담보 요구 가능)	거래금액의 약 5% (시장상황에 따라 변동될 수 있음)	없음
계약 만기 지정	지정 필요 (변동 가능)	없음	지정 필요
정산일	계약 만기일에 정산	일일 정산	계약 만기일에 정산

은 아니다. 목표수익 조기상환 선물환(TRF : Target Redemption Forward)이나 범위선물환(RF : Range Forward)을 비롯한 여러 파생상품도 존재한다. 다만 이들 상품의 손익구조는 현물 보유와 정확히 대칭이 아니기 때문에 시장 상황과 기업 내부 여건을 고려해 적절히 사용해야 좋은 성과를 거둘 수 있다.

참고로 각 상품은 계약 관리와 정산방법, 만기 유무, 비용 측면에서 다소 차이를 보인다. 헤지상품을 선택할 때는 환관리 전문가의 조언을 받아 기업의 관리정책과 노출된 환위험의 성격을 고려해 적합한 상품을 골라야 한다.

핵심 포인트

외환 전문가가 되는 첫걸음은 환율의 움직임을 실시간으로 모니터링하는 것부터 시작한다. 사무실에 환율 전용 컴퓨터를 설치하고 차트와 호가를 띄워놓자. 수출입 비중이 높은 기업일수록 환위험관리 프로세스 확립은 반드시 필요하다. 일련의 환관리 활동은 내부지침을 통해 명시되어야 하며, 복수의 관리자는 지침에 맞게 업무를 협업해 수행해야 한다. 기업 오너와 경영진은 환헤지 활동을 '파생상품 거래 이익 추구'가 아닌 '환변동 위험 축소' 측면으로 인식해야 한다. 환헤지상품으로는 현물 보유와 손익 구조가 대칭인 정형파생상품(선물환·통화선물·환변동보험), 손익이 대칭적이지 않은 비정형파생상품(옵션·합성옵션)이 있다. 상품마다 장단점이 있으므로 기업 사정과 환율 변동성, 현 레벨 등을 고려해 적절히 사용해야 한다.

외환시장에 대한 이해가
경제 공부의 첫걸음

처음 책을 기획할 때보다 쓰는 도중에 욕심이 커졌다. 외환시장에 대한 기본 이해와 환율을 움직이는 다양한 요인들에 초점을 맞추고 집필했지만 환율 분석과 전망하는 방법, 그리고 밥과 반찬처럼 환율을 볼 때 없어서는 안 될 차트에 대한 내용을 빼놓을 수 없었다. 물론 시중에 각 부문별로 깊이 있게 다룬 책들이 많지만 환율에 관심 있는 모든 사람들이 외환시장 전반에 대해 이해와 흥미를 가질 수 있도록 깊이는 얕더라도 범위가 넓은 책이 좋을 것 같았다. 필자가 외환시장에 처음 들어와 느꼈던 막막함을 독자들에게도 느끼게 할 수는 없었다.

이 책에 수록된 각종 경제·금융 데이터는 될 수 있으면 모두 국가기관의 홈페이지에서 얻으려고 했다. 사실 실무에서는 블룸버그, 로이터, 인포맥스와 같은 유료 단말기를 사용하지만 굳이 돈을 들이지 않아도 양질의 정보를 찾을 수 있다는 것을 알리고 싶었다. 사금융기관의 리서치 정보에 대한 사용이나 소개도 최대한 배제했는데, 이는 국가기관의 리서치 서비스가 비교적 오래 지속될 것이라는 생각에서다.

이론은 기억에서 쉽게 지워지지만 실제 예시는 그렇지 않다. 각 장의 내용을 이론과 실무적으로 균형감 있게 담아내고 싶었으나 모든 장에 동일하게 적용하기가 쉽지 않았다. 또한 환율을 움직이는 요인은 실로 다양하고 범위도 넓은데 2~3장에서 하나하나 다루지 못한 것이 아쉽다. 책의 서두에 이론이나 전문용어는 최대한 배제한다고 했으나 내용을 서술하는 과정에서 어쩔 수 없이 언급된 부분이 꽤 있다. 모두 넓은 아량으로 이해해주길 바란다.

외환시장은 정복할 수 없는 산과 같다. 산이 거기에 있어 오르는 것처럼 외환시장도 그 시장이 있으니 참여하는 것이라고 생각한다. 이론과 실무 경험이 많은 동료·선배들도 환율에 대한 고민을 하지 않은 적이 없었다. 계속 끊임없이 고민하고 적절한 대응방법을 찾는 일, 그것이 최선의 길임을 알아주었으면 좋겠다.

궁금한 내용이 있는 분들은 저자 프로필의 이메일로 언제든 연락해도 좋다. 책에 대해 부족한 부분이나 사실과 다른 부분을 지적해주면 더욱 감사하겠다. 서로 소통할 날을 기대하며, 대면하지는 못했지만 이 책을 선택해준 모든 독자들께 감사드린다.

이낙원

외환시장은 정복할 수 없는 산과 같다.
계속 끊임없이 고민하고
적절한 대응방법을 찾는 일,
그것이 최선의 길임을 알아주었으면 좋겠다.

환율도 모르고 경제 공부할 뻔했다

초판 1쇄 발행 2019년 11월 1일
초판 5쇄 발행 2022년 8월 18일
지은이 이낙원
펴낸곳 원앤원북스
펴낸이 오운영
경영총괄 박종명
편집 이광민 · 최윤정 · 김형욱 · 양희준
디자인 윤지예 · 이영재
마케팅 문준영 · 이지은 · 박미애
등록번호 제2018 - 000146호(2018년 1월 23일)
주소 04091 서울시 마포구 토정로 222 한국출판콘텐츠센터 319호(신수동)
전화 (02)719 - 7735 | **팩스** (02)719 - 7736
이메일 onobooks2018@naver.com | **블로그** blog.naver.com/onobooks2018
값 16,000원
ISBN 979 - 11 - 7043 - 035 - 3 03320

이 도서의 국립중앙도서관 출판예정도서목록(CIP)은 서지정보유통지원시스템 홈페이지(http://seoji.nl.go.kr)와
국가자료공동목록시스템(http://www.nl.go.kr/kolisnet)에서 이용하실 수 있습니다.(CIP제어번호: CIP2019040231)

* 원앤원북스는 독자 여러분의 소중한 아이디어와 원고 투고를 기다리고 있습니다.
  원고가 있으신 분은 onobooks2018@naver.com으로 간단한 기획의도와 개요, 연락처를 보내주세요.